苏勇军 著

宁波海上丝绸之路
文化遗产研究

宁波文化
研究工程

ZHEJIANG UNIVERSITY PRESS
浙江大学出版社
·杭州·

图书在版编目(CIP)数据

宁波海上丝绸之路文化遗产研究 / 苏勇军著. —杭
州:浙江大学出版社,2024.3
ISBN 978-7-308-24766-5

Ⅰ.①宁… Ⅱ.①苏… Ⅲ.①海上运输－丝绸之路－
文化遗产－研究－宁波 Ⅳ.①K295.53

中国国家版本馆 CIP 数据核字(2024)第 063122 号

宁波海上丝绸之路文化遗产研究
NINGBO HAISHANG SICHOU ZI LU WENHUA YICHAN YANJIU
苏勇军 著

策划编辑	吴伟伟
责任编辑	陈 翩
责任校对	赵 珏
封面设计	米 兰
出版发行	浙江大学出版社
	(杭州市天目山路 148 号 邮政编码 310007)
	(网址:http://www.zjupress.com)
排 版	浙江大千时代文化传媒有限公司
印 刷	杭州钱江彩色印务有限公司
开 本	710mm×1000mm 1/16
印 张	12
字 数	205 千
版 印 次	2024 年 3 月第 1 版 2024 年 3 月第 1 次印刷
书 号	ISBN 978-7-308-24766-5
定 价	68.00 元

前　言

　　宁波位于中国大陆海岸线的中段,大运河南端出海口,兼具河海联运、接轨内外贸易的黄金水道与优良港埠。从古老的明州港出发,船舶一路向东可以到达日本列岛,向东北方向可以到达朝鲜半岛,向南可远航到南洋、西洋等地,堪称"港通天下"。2000多年前,一艘艘商船从宁波(古称明州、庆元)出发,将青瓷、丝绸、茶叶等运往海外。与此同时,世界各地的货品随船纷至沓来,经由宁波运往我国广大内陆地区。

　　2017年5月14日,习近平主席在"一带一路"国际合作高峰论坛开幕式上指出,2000多年前,"我们的先辈扬帆远航,穿越惊涛骇浪,闯荡出连接东西方的海上丝绸之路","宁波、泉州、广州、北海、科伦坡、吉达、亚历山大等地的古港,就是记载这段历史的'活化石'"。[①] 作为世界文化遗产中国大运河与海上丝绸之路的交点城市,宁波以拥江揽湖滨海的地理优势,形成了数千年生生不息的商贸传统和海洋文化,被誉为记载海上丝绸之路历史的"活化石"。

　　作为古代海上丝绸之路的发祥地之一,宁波境内保存有大量与海上丝绸之路相关的文化遗产。这些文化遗产反映了昔日海上丝绸之路贸易繁

---

　　① 《习近平在"一带一路"国际合作高峰论坛开幕式上的演讲》,《人民日报》2017年5月15日。

1

荣、不同文化文明交往与互融的历史。据不完全统计,宁波保存着从东汉晚期至清朝中期海上丝绸之路遗址、遗迹120多处,以及民间传说、民间音乐、传统戏剧、传统曲艺、传统手工技艺等海上丝绸之路非物质文化遗产。如中外佛教交流中占重要地位的天童寺、阿育王寺,堪称航海地标的庆安会馆和天后宫,宁波海上丝绸之路申遗标识"羽人竞渡"纹铜钺,推动民间石刻艺术东传的东钱湖南宋石刻群,促进民间工艺交流的朱金漆木雕、骨木镶嵌、金银彩绣、甬式家具、竹器等传统手工技艺……这些文化遗产体现了宁波人民的聪明才智和非凡的创造力,并对海上丝绸之路沿线国家和地区在政府行为、经济活动、文化教育、宗教信仰等方面都产生了深远影响。

2023年6月2日,习近平总书记在文化传承发展座谈会上强调:"中国文化源远流长,中华文明博大精深。只有全面深入了解中华文明的历史,才能更有效地推动中华优秀传统文化创造性转化、创新性发展,更有力地推进中国特色社会主义文化建设,建设中华民族现代文明。"①创造性转化和创新性发展强调的是研究与实践、形式与内容、继承与发展、保护与开发相结合,这与文化遗产的生产性、原真性和整体性保护原则是一脉相承的。全面系统开展宁波海上丝绸之路文化遗产的文献史料、考古遗存、文物史迹等基础资料的搜集,深入研究海上丝绸之路宁波史迹的遗产价值及其创新性发展路径,不断拓宽转化创新路径,探索转化创新方式,讲好海上丝绸之路上的中国故事,讲好古代东西方人民和平交往的故事,将有效提升宁波海上丝绸之路文化遗产的生命力、凝聚力、影响力、发展力。

---

① 《习近平在文化传承发展座谈会上强调:担负起新的文化使命 努力建设中华民族现代文明》,《人民日报》2023年6月3日。

目　录

第一章　海上丝绸之路文化遗产概念阐释

秦汉以来，伴随着航道的开拓和造船、航海技术的提高，中国沿海先民与东北亚、东亚、东南亚、南亚、欧洲和东非等地区展开了经贸文化往来，彼此借鉴、互通有无，共同创造了灿烂的海上丝绸之路文化。海上丝绸之路不仅是一条联通东西方国家与地区的海上交通航线，更是一条推动东西方文明交流对话的海上文化大通道。

一、海上丝绸之路概念塑造与演进

自"一带一路"倡议提出以来，"海上丝绸之路"这一概念受到广泛关注。一般而言，海上丝绸之路是指始于我国，连接亚洲、欧洲、非洲，沟通太平洋、印度洋、地中海的一张巨型的政治、经济、文化等多领域交流的海路网络。它以我国香港、澳门、广州、北海、泉州、福州、宁波、扬州、蓬莱、崂山、烟台等对外港口为基点，经南海航线向西可通往南亚、欧洲和非洲，经东海航线向东可通往朝鲜半岛和日本列岛。①

海上丝绸之路涉及港口船舶、航海技术、航线航路、货物贸易、航海事务

---

① 单霁翔：《用提案呵护文化遗产》，天津大学出版社，2013年，第185页。

管理、人员往来、文化语言、宗教信仰、政治外交等诸多内容,它并不是一个独立产生的概念,而是"丝绸之路"的衍生物。丝绸之路概念的首创者是德国著名地质地理学家李希霍芬(Ferdinand von Richthofen)。他于 1860 年和 1868 年两次来中国考察旅行,到访过广东广州、三水、英德、韶关等地,后出版《中国——亲身旅行的成果和以之为根据的研究》(五卷本)。刘进宝教授指出:"通过整理李希霍芬《中国——亲身旅行的成果和以之为根据的研究》第一卷的相关内容,可知'丝绸之路'一词共出现了 4 次。即第一卷的目录上有'马利奴斯的丝绸之路';第 496 页有'早期丝绸之路中这一条路径的西线部分';第 499 页的页眉上有'马利奴斯的丝绸之路';在第 500 和 501 页之间,夹印了李希霍芬于 1876 年绘制的一幅《中亚地图》,该地图的说明文字中有'马利奴斯的丝绸之路'。"①李希霍芬对丝绸之路的经典定义是:从公元前 114 年到公元 127 年,连接中国与河中(指中亚阿姆河与锡尔河之间)以及中国与印度,以丝绸之路贸易为媒介的西域交通路线。②

有"欧洲汉学泰斗"之誉的法国著名汉学家沙畹(Emmanuel-èdouard Chavannes),在其 1903 年出版的著作《西突厥史料》中提出丝绸之路有陆道和海道两条:

> 中国之丝绢贸易,昔为亚洲之一重要商业。其商道有二,其一最古,为出康居(Sogdiane)之一道;其一为通印度诸港之海道,而以婆卢羯泚为要港。当时之顾客,要为罗马人与波斯人,而居间贩卖者,乃中亚之游牧与印度洋之舟航也。罗马人曾欲解除居间贩卖之弊。Justinien 在位之时,已曾培养蚕种,五六八年时,Justin Ⅱ 曾以其殖蚕艺术出示突厥使臣,见之颇为惊诧。然此业昔在孔斯坦丁堡似未发达,Justinien 为求丝绢,曾谋与印度诸港通市易,而不经由波斯,曾于五三一年遣使至阿剌壁(Arabie)西南 yémen 方面,与 Himyarites(Homérites)人约,命其往印度购丝,而转售之于罗马人,缘其地常有舟航赴印度也。波斯人一方面欲完全垄断印度诸港之海上丝利,乃一面阻止 Himyarites 为罗

---

① 刘进宝:《从提出背景看"丝绸之路"概念》,《中国社会科学报》2022 年 5 月 23 日。
② 转引自林梅村:《丝绸之路考古十五讲》,北京大学出版社,2006 年,第 2 页。

马人之居间贩卖人，一面妨碍陆地运丝民族之贸迁。①

其中"为通印度诸港之海道，以婆卢羯泚为要港"比较具体地谈到欧洲与印度之间在 6 世纪的丝绸贸易。

法国汉学家格鲁赛（René Grousset）1903 年出版的《蒙古史略》一书指出：

> 复次马可波罗之旅行，同 Pegolotti 所撰之《贸易习惯》，皆证明蒙古之侵略曾使中国与欧洲相接触。十三世纪时，东西交通之陆地大道有二：（一）为钦察道，经行敦煌、哈密、别失八里、阿力麻里、讹答剌、玉龙杰赤、Sarai、Astrakhan，而抵于 Crimée 半岛之 Caffa 同 Tana 等港之 Génes 人商场。（二）为波斯道，经行敦煌、罗斯泊、天山南路、葱岭、巴达哈伤、呼儿珊、Irak Ajemi、Tabriz 等地，或抵于 Trébizonde 之 Génes 人同 Venise 人之商场，或抵于 Lajazzo（Ayas）。东亚货物由此两道径达欧洲。

> 此二道或名丝道，皆属陆道。蒙古人之侵略且将海道或香料道重行开辟。前此伊兰之黑衣大食朝及色尔柱朝，对于西方之人皆闭关自守，波斯之蒙古汗则将门户开放，一任基督教之传教师与商人经行海道而赴中国。自哈里发国之灭亡，迄于回教之得势，通过伊兰之拉丁旅行家往来不绝于途。自 Tabriz 达于忽里模子，从忽里模子登舟，前赴俱兰、泉州。而印度同中国之货物来自泉州、俱兰，经过瓮蛮海及波斯湾，并由忽里模子运输至 Tabriz，而转运至 Lajazzo 或 Trébizonde 者亦如川流不息。②

其后，一批考古资料陆续涌现。德国历史学家阿尔伯特·赫尔曼（Albert Herrmann）1910 年出版《中国和叙利亚之间的古代丝绸之路》一书，进一步把丝绸之路延伸到地中海西岸和小亚细亚，确定了丝绸之路的基本内涵，即中国古代经由中亚通往南亚、西亚以及欧洲、北非的陆上贸易通道。"我们应该把这个名称的含义延伸到通往西方的叙利亚道路上。丝绸之路，

---

① 沙畹：《西突厥史料》，冯承钧译，中华书局，2004 年，第 208—209 页。

② 格鲁赛：《蒙古史略》，冯承钧译，商务印书馆，1934 年，第 84—86 页。

即从长安到叙利亚。其实,丝绸之路这一概念是有局限的,讲东西交通和中西交通,既包括交通线,又包括所有的各种交流。例如,文化艺术、科技、宗教等各个方面。因此,我们把丝绸之路定义为:古代和中世纪从黄河流域和长江流域,经印度、中亚、西亚连接北非和欧洲,以丝绸贸易为主要媒介的文化交流之路。"①1933—1935年,瑞典探险家斯文·赫定(Sven Hedin)考察西北丝绸之路,后出版《丝绸之路》一书。他在该书日文版中介绍:"在楼兰被废弃之前,大部分丝绸贸易已开始从海路运往印度、阿拉伯、埃及和地中海沿岸城镇。"②他非常肯定地认为存在一条将中国丝绸运到地中海沿岸国家的海上丝绸之路。此后,海上丝绸之路研究逐渐增多,但以外国学者为主。

中国最早提出"丝绸之路"的学者是国学大师季羡林先生。他在1955年发表的论文《中国蚕丝输入印度问题的初步研究》中就提出"横亘欧亚丝路"的概念,描述了中国蚕丝传入印度的过程,并将传入途径归纳为5条,分别为南海道、西域道、西藏道、缅甸道、安南道,即《汉书·地理志》所述从雷州半岛起航至印度的海上交通线:

> 综观自汉武帝以来中印海上丝织品贸易的情况,我们可以看到,在汉代运去的是"杂缯"……到了宋代元代,中国海上贸易空前发展,于是"丝帛""缬绢""五色绢""青缎""五色缎",甚至"苏杭色缎"就大量运至印度。金乌古孙仲端《北使记》里记载,"(印都回纥)金、银、珠、玉、布帛、丝帛极广",可见数量之多了。到了明初可以说是达到中印海上贸易的最高潮,中国的"纺丝""色绢""色段""白丝"源源运至印度。③

20世纪60年代,法国学者布尔努瓦(Lucette Boulniois)出版《丝绸之路》一书,谈到公元1世纪中国丝绸运往印度、古罗马有三条路,其中一条是海路:

> 它从中国广州湾的南海岸出发,绕过印度支那半岛,穿过马六甲海峡,再逆流而上,直至恒河河口。这条路似乎仅仅由印度商船通航。商

---

① 转引自长泽和俊:《丝绸之路史研究》,钟美珠译,天津古籍出版社,1990年,第2页。
② 斯文·赫定:《丝绸之路》,江红、李佩娟译,新疆人民出版社,1996年,第212页。
③ 季羡林:《中国蚕丝输入印度问题的初步研究》,《历史研究》1955年第4期。

人们再从孟加拉湾海岸出发,沿恒河顶风破浪,一直到达"恒河大门",然后便停止了海航,商品经陆路一直运输到西海岸的海港、波斯和阿拉伯地区,后来也运销于欧洲。……在 1 世纪末以前,地中海地区所进口的大部分丝绸似乎都是通过海路而运输的,并不经由穿过波斯的陆路。①

日本学者三杉隆敏 1967 年出版的《探索海上的丝绸之路——东西陶瓷交流史》是专论海上丝绸之路的著作,第一次提出"海上丝绸之路"的概念。1963 年 6 月,三杉隆敏在游历美国、欧洲之后,来到土耳其著名都市伊斯坦布尔。三杉隆敏是陶瓷器研究专家,奥斯曼帝国苏丹建造的托普卡帕宫(Topkap Saray)收藏的 1.2 万余件唐宋以来的中国瓷器引起他的极大关注。尤其是收藏品中高 50 厘米以上的青花瓷大罐,令其产生无限遐想。如此巨大的瓷器,仅仅依靠骆驼商队是难以大量地从中国运至欧洲的。带着这个疑问眺望博斯普鲁斯海峡时,结合此前读过的《红海回航记》《道里邦国志》《马可·波罗游记》等书,其脑海中浮现出海上丝绸之路的景象。产自遥远中国内地的瓷器,正是通过江海联动的方式被运送到西方。他还根据文献记载,大致复原了当时的远航帆船以及航行路线。其后的 100 余次海外旅行及对 50 余个国家的博物馆与考古遗迹的考察,让三杉隆敏更加坚定了这一设想。日本考古学家三上次男在为《探索海上丝绸之路——东西陶瓷交流史》所作的序言中对三杉隆敏的这一想法予以肯定,并在三杉隆敏的第二部著作《海上丝绸之路——中国瓷器的海上运输与青花瓷编年研究》的序言中指出:随着时代的变化,大约从 10 世纪开始,海上丝绸之路即成为东西方主要的贸易通道。②

1974 年,饶宗颐教授发表长篇论文《蜀布与 Cinapatta——论早期中、印、缅之交通》。除了论述蜀布从陆路输入印度、缅甸,该论文在最后以"附论:海道之丝路与昆仑舶"一节,专论"海道作为丝路运输的航线":

　　海道的丝路是以广州为转口中心。近可至交州,远则及印度。南

---

①　布尔努瓦:《丝绸之路》,耿昇译,山东画报出版社,2001 年,第 45 页。

②　周长山:《"海上丝绸之路"概念之产生与流变》,《广西地方志》2014 年第 3 期。

路的合浦，亦是一重要据点，近年合浦发掘西汉墓，遗物有人形足的铜盘。而陶器提筒，其上竟有朱书写着"九真府"的字样，九真为汉武时置的九真郡……这个陶筒必是九真郡所制的，而在合浦出土，可见交、广二地往来的密切。……中、印海上往来，合浦当然是必经之地。而广州自来为众舶所凑，至德宗贞元间，海舶珍异，始多就安南市易。①

20 世纪 80 年代以后，国内外的丝绸之路研究形成热潮。1981 年，法国学者雅克·布罗斯(Jacques Brosse)在巴黎出版《发现中国》(*La decouverte de la Chine*)。该书第一章第一节"丝绸之路"介绍了陆、海"丝绸之路"：

> 1 世纪时，中国的丝绸传到了罗马，在贵妇人中风靡一时，却使古罗马的社会风纪监查官们义愤填膺。……

> 当时存在着两条通商大道。其一为陆路，由骆驼队跋涉，这就是丝绸之路。它从安都(Antioche)起，穿过了整个安息帝国(L'Empire Parthe)，然后在到达中国之前要越过帕米尔和塔里木盆地的绿洲，最后到达了可能为长安城的首都赛拉(Sera Mètropolis，丝都)。但这条路受安息人控制，他们在充当中间经纪人的同时，却又极力阻挠在中国和罗马社会之间建立直接的关系，甚至阻止了公元 97 年中国派向大秦(赛里斯人知道的罗马帝国)的第一个使节。……

> 另一条路就是海路，它就是未来的"香料之路"，经红海和印度洋而抵达马拉巴尔的印度海岸之谬济里斯(Muziris)，或者是科罗曼德尔(Coromandel)河岸的本地治里(Pondichèry，Pondonké)，然后再经马六甲海峡和印度支那而沿中国海岸北上，一直到达《厄里特利亚海航行记》(*Pèriplede la mer erythrèe*)中所说的"特大城"秦那(Thina)。……这种海路贸易往往要使用由 100 多艘船舶组成的船队，利用季风航行，八个月往返一次。但无论是经陆路还是经海路，罗马和中国的运输者们从不会走完这条路的全程，而基本是在全程中途接换。所以《厄里特利亚海航行记》中指出，只有很少的海员敢于冒险直达中国海。②

---

① 饶宗颐：《选堂集林·史林》(上)，香港中华书局，1982 年，第 390 页。

② 雅克·布罗斯：《发现中国》，耿昇译，山东画报出版社，2002 年，第 3—5 页。

1989 年，人民画报社编辑的《陆上与海上丝绸之路》一书出版。1996年，陈炎的专著《海上丝绸之路与中外文化交流》出版，书中指出："海上丝路把世界文明古国，如希腊、罗马、埃及、波斯、印度和中国，又把世界文明的发源地如埃及文明、两河流域文明、印度文明、美洲印加文明和中国文明等都连接在一起，形成了连接亚、非、欧、美的海上大动脉，使这些古老文明通过海上大动脉的互相传播而放出了异彩，给世界各族人民的文化带来了巨大的影响。"①这两本书充分肯定了海上丝绸之路无可置疑的历史地位和巨大而深远的影响。2013 年，厦门大学荣誉教授杨国桢从文化视角对海上丝绸之路的内涵进行了系统阐释："（海上丝绸之路）是以海洋中国、海洋东南亚、海洋印度、海洋伊斯兰等海洋亚洲国家和地区的互通、互补、和谐、共赢的海洋经济文化交流体系的概念。在某种意义上，'海上丝绸之路'是早于西方资本主义世界体系出现的海洋世界体系。这个世界体系以海洋亚洲各地的海港为节点，自由航海贸易为支柱，经济与文化交往为主流，包容了各地形态各异的海洋文化，形成和平、和谐的海洋秩序。"②

1990 年 10 月 23 日，联合国教科文组织发起海上丝绸之路综合考察，来自 30 多个国家的 50 多位科学家和新闻记者，组成海上远征队，乘坐由阿曼苏丹国提供的"和平之舟"号考察船，从意大利的威尼斯港起航，先后经过亚德里亚海、爱琴海、地中海、苏伊士运河、红海、阿拉伯海、印度洋、马六甲海峡、爪哇海、泰国湾、中国南海、中国东海和朝鲜海峡，途经意大利、希腊、土耳其、埃及、阿曼、巴基斯坦、印度、斯里兰卡、马来西亚、泰国、文莱、菲律宾、印度尼西亚、中国、韩国和日本等 16 个国家的威尼斯、雅典、库萨达吉、亚历山大、塞拉莱、马斯喀特、卡拉奇、果阿、科伦坡、马德拉斯、普吉、马六甲、苏腊巴亚、曼谷、文莱、马尼拉、广州、泉州、釜山、博多、冈山、大阪等 22 个港口城市，历时近 4 个月，行程 2.1 万余千米。这次考察有力地促进了海上丝绸之路研究。

综上所述，无论是"丝绸之路"还是由其延伸的"海上丝绸之路"，都是在

---

①　陈炎：《海上丝绸之路与中外文化交流》，北京大学出版社，1996 年，第 7 页。

②　杨国桢：《中华海洋文明的时代划分》，见李庆新：《海洋史研究》（第 5 辑），社会科学文献出版社，2013 年，第 3 页。

特定的国际学术情境下,由考古学、历史学等领域的研究者不断塑造和更新的概念。这些概念尽管在名称上颇具历史感,但实际上是很晚才出现的名词,服务于其时的学术和政治经济。①

二、海上丝绸之路文化遗产诠释

遗产,本义为先人遗留的财产。《后汉书·郭丹传》云:"昔孙叔敖相楚,马不秣粟,妻不衣帛,子孙竟蒙寝丘之封。丹出典州郡,人为三公,而家无遗产,子孙困匮。"英语中源于拉丁语的 heritage(遗产)一词,意为"父亲留下而可为子孙继承的财产",主要指私有的物质财富,也指可怀旧的纪念物、人类遗址、历史遗迹等。这与古汉语中的"遗产"词义基本相同。"遗产"在不同的国度有着不同的称谓,如日本把文化遗产称为"文化财"。尽管称谓不同、侧重点不同,但实际上都是指遗产及其所在地共同构成的吸引物。

19 世纪中期以来,遗产的内涵发生了变化,人们开始把祖先留下的具有重要历史文化价值的公共财物视作遗产。最先表达这种新的遗产观的是法国作家雨果。1832 年,他在《对毁坏文物者开战》中用激愤的语言斥责当时大肆破坏法国城市历史的人,昂首挺胸地捍卫法兰西的历史文明:"我们吁请全国注意。纵然有革命的破坏者,有唯利是图的投机者,尤其有传统的修复者加以毁坏,法国仍然富有法兰西的古迹。必须制止敲打国家面目的锤子。制定一条法律就行了;希望这条法律制定出来。不论业主有多大权力,不能允许这些不顾廉耻、利欲熏心的业主毁坏历史性的名胜古迹;他们是卑劣之徒,竟然愚蠢到连自己是野蛮人都不知道!一幢建筑物里有两样东西:一是用途,二是美。建筑物的用途归业主所有,而美属于大家。"②

联合国教科文组织 1972 年颁布了以保护人类自然环境与人文环境为宗旨的《保护世界文化和自然遗产公约》和《各国保护文化及自然遗产建议

---

① 赵云、燕海鸣:《海上丝绸之路:一个文化遗产概念的知识生产》,《故宫博物院院刊》2021 年第 11 期。

② 转引自康慨:《〈巴黎圣母院〉成为法国头号畅销书》,《中华读书报》2019 年 4 月24 日。

案》,标志着世界各国在遗产观上达成共识。《保护世界文化和自然遗产公约》规定了"世界遗产大会审核和批准各缔约国递交的遗产清单,该清单由各缔约国自行确定本国或地区领土内的自然遗产和文化遗产。凡是被列入世界文化和自然遗产的地点,都由其所在国家或地区依法严格予以保护"。该公约的颁布是遗产概念自20世纪以来最大的发展,不仅表明遗产逐步由私人性质过渡到社会公共性质,而且说明遗产中濒危的、具有重大文化传承意义和重要价值的部分,得到了社会性的、官方的明确认定与保护。

从最初的私人遗留下的物质财富到今天的抽象的、变动的依赖于人的精神观念而存在的非物质文化遗产,从起初的国家保护到今天的全民保护,都表明了遗产概念在外延上的变化。对遗产概念的清晰阐述可以追溯到1931年的《雅典宪章》,之后的《海牙公约》《威尼斯宪章》等都对其作出了解释性的说明。遗产定义的演变见表1.1。

表 1.1 遗产定义的演变

文件	遗产的概念	解释性说明
《雅典宪章》(1931)	(历史、古代)纪念物;(历史)场所、地点	具有艺术、历史、科学价值
《海牙公约》(1954)	文化资产	对每一民族文化遗产具有重大意义的可移动或不可移动资产,例如:建筑、艺术或历史纪念物(无论其有无宗教性质);考古遗址;作为整体具有历史或艺术价值的建筑群;艺术品;具有艺术、历史或考古价值的手稿、书籍及其他物品;科学收藏品和书籍或档案的重要藏品;上述资产的复制品
《威尼斯宪章》(1954)	历史古迹/历史纪念物	单项建筑作品,并能从中找出一种独特文明或重要发展或历史事件的城市或乡村场域;纪念物,既适用于伟大的艺术作品,也适用于随时光流逝而获得文化意义的过去平庸之作
《魁北克遗产保存宣言》(2008)	遗产	包含了物质文化、地理与人类环境。结合自然与人类的创造物与生产物,构成了我们居住的整体环境。遗产既是一种实体,社区的财富,又是一种可以传承的丰富继承物

资料来源:苏琨:《文化遗产类旅游资源价值评估研究——以秦始皇帝陵博物院为例》,西安交通大学出版社,2017年,第33页。

　　在实践中,遗产的内涵已经有了极大的扩充:从单体的历史古迹到民居生活整体环境区,从人工环境到有文化信息的自然环境或自然与人工联合工程,从手工作坊到工业遗产,等等。随着人们价值观念的变化,遗产的外延将向深处、细处延伸,其性质将从纯粹的被保护对象变为与社会现实紧密关联的复杂体。

三、文化遗产

　　"文化遗产"可以认为是为某一国家、地区或民族所拥有且受保护的,具有较高的历史、文化艺术、科学价值并含有特殊的文化信息符号,由一定的载体和景观环境组成,能直接或间接带来社会经济利益的物质文化或非物质文化表现形式。文化遗产按照表现形式可分为物质文化遗产和非物质文化遗产。前者主要指具有历史文化、科考等价值的可移动文物(如艺术品等)、不可移动文物(如古遗址遗迹、壁画、古墓葬、石窟、寺庙)以及在建筑结构、建筑布局或与环境景观结合方面具有突出普遍价值的历史文化名城等。后者是指各族人民以口头或动作方式世代相传,与人民群众日常生活有密切联系的各类传统文化的外在表现形式(如民间文学、民俗活动、传统技能以及与之相关的器具、实物、手工制品等)和文化空间(如庙会、传统节日庆典等)。

　　国内比较认可的文化遗产概念,是由"文物"一词延伸而来。《左传·桓公二年》记载:"夫德,俭而有度,登降有数,文物以纪之,声明以发之;以临照百官,百官于是乎戒惧而不敢易纪律。"这段话中,"文物"与"声明"(声教文明)对应,指的是礼乐典章。顾炎武《日知录》云:"幽王之亡,宗庙社稷以及典章文物荡然皆尽。"不过,晚唐杜牧诗云:"六朝文物草连空,天淡云闲今古同。"诗句中的"文物"一词,显然有遗物遗迹的意思。后世也有相同的用法。尽管如此,古人笔下的"文物"大体上还是指礼乐典章。

　　国际社会对文化遗产的关注与保护由来已久。特别是联合国教科文组织,其致力于文化遗产的推广普及,重视文化多样性,提出并颁布了文化遗产保护公约、建议等。如《关于发生武装冲突时保护文化财产的公约》(1954

年)、《关于适用于考古发掘的国际原则的建议》(1956年)、《保护世界文化和自然遗产公约》(1972年)、《保护非物质文化遗产公约》(2003年)等。

根据《保护世界文化和自然遗产公约》第一条,文化遗产包括文物、建筑群和遗址三大部分。①文物:从历史、艺术或科学角度看,有突出的普遍价值的建筑物、碑雕和碑画,具有考古意义的部件和结构、铭文、窟洞以及各类文物的组合体。②建筑群:从历史、艺术或科学角度看,因其建筑的形式、同一性及其在景观中的地位,具有突出、普遍价值的单独或相互联系的建筑群。③遗址:从历史、美学、人种学或人类学角度看,具有突出、普遍价值的人造工程或人与自然的共同杰作以及考古遗址地带。

《保护非物质文化遗产公约》对非物质文化遗产的定义、内容、保护等方面作了标准化说明。① 非物质文化遗产指被各社区、群体,有时是个人,视为其文化遗产组成部分的各种社会实践、观念表述、表现形式、知识、技能以及相关的工具、实物、手工艺品和文化场所。这种非物质文化遗产世代相传,在各社区和群体适应周围环境以及与自然和历史的互动中,被不断地再创造,为这些社区和群体提供认同感和持续感,从而加深对文化多样性和人类创造力的尊重。非物质文化遗产包括以下方面:口头传统和表现形式,包括作为非物质文化遗产媒介的语言;表演艺术;社会实践、仪式、节庆活动;有关自然界和宇宙的知识和实践;传统手工艺。

由此可见,联合国教科文组织对文化遗产概念的认知也在逐步深化,"从传统可移动古物、文物到不可移动的遗址、村镇或城市,形成了整体的物质文化遗产观;从仅仅关注物质文化遗产,到物质文化遗产和非物质文化遗产并重,兼及人类对自然进行文化建构的文化与自然复合型遗产;从关注遗产具有物质资源特性,即具有法律意义上的产权关联,具有经济价值,到关注遗产的精神资源作用,累积历史价值,具有传承意义等"②。

---

① 余晋岳:《世界文化与自然遗产手册》,上海科学技术出版社,2004年,第162页。
② 王福州:《"文化遗产"的中国范式及体系建构》,《中国非物质文化遗产》2020年第2期。

四、海上丝绸之路文化遗产

海上丝绸之路文化遗产具有起始年代早、时代跨度大、数量众多、类型丰富、保存较好等特点,但是以往对其认识不清晰、不全面,以至于其价值未能得到充分发掘。[①] 有学者提出:"海上丝绸之路文物古迹的认定,要同时符合下面几个条件:与经常性的远洋航线有关;与国际交往有关;和平的;总体上平等互惠的;在当地海上丝绸之路活动时间上下限之内;实际存在,包括本体尚存或有遗迹存在的,占有独立地域范围,可与文献互证的不可移动历史文化遗存。同时符合上面几条的,可予认定。"[②]

2012 年编制的海上丝绸之路(中国段)申报世界文化遗产文本,基于 6 省(区)9 市 53 处代表性遗存,将海上丝绸之路遗存分为 3 类:海港设施(包括海湾、码头、航标建筑、造船场、仓库、祭祀建筑、贸易管理机构、驿站、桥梁、道路、海防设施、商业街等);外销物品生产基地与设施(瓷窑、丝绸织造工场);文明及文化交流产物(宗教建筑、外国人聚居区及墓葬区、贸易市场等)。[③]

2017 年编制的海上丝绸之路(中国史迹)申报世界文化遗产文本,基于 4 省 8 市 31 处具有突出普遍价值的遗产点,将海上丝绸之路中国史迹分为基础设施类遗存、生产设施类遗存和产物类遗存。其中,"基础设施类遗存包括港航遗存(航标、码头、船场等)、海神祭祀设施和管理设施等为古代风帆航行提供物质和精神保障的相关遗存,共计 11 处;生产设施类遗存由 5 处窑址组成,它们所生产的瓷器是中国在海上丝绸之路上最具代表性的出

① 张晓斌、郑君雷:《广东海上丝绸之路史迹的类型及其文化遗产价值》,《文化遗产》2019 年第 3 期。

② 邓炳权:《海上丝绸之路与相关文物古迹的认定》,见程存洁:《广州文博》(第 2 辑),文物出版社,2008 年,第 18 页。

③ 中国建筑设计研究院建筑历史研究所:《申报中国世界文化遗产预备名单海上丝绸之路(中国段)申报文本(征求意见稿)》(内部资料),2012 年,第 14 页。申报文本涉及广西壮族自治区北海市,广东省广州市,福建省福州市、泉州市、漳州市,浙江省宁波市、丽水市,江苏省扬州市,山东省蓬莱市(现烟台市蓬莱区)。

口货物之一;产物类遗存包括基于海上丝绸之路广泛的人员与文化交流而产生的相关宗教遗存、聚落和墓葬,以及作为祈风仪式特殊产物的九日山摩崖石刻等,共计 15 处"①。

两次申遗文本选取的只是海上丝绸之路中国段申报世界文化遗产的精华部分,并未涵盖全部史迹类别。比如 2012 年申遗文本指出:"具有文化线路类型遗产特征的航线遗存(沉船等物证、重要地标等)、相关地理环境要素遗存、非物质文化遗产等,有待根据海上丝绸之路遗产价值研究和价值载体分析进行深化补充。"②

按照这一分类原则,本书认为,海上丝绸之路文化遗产主要包括 7 种类型。

一是见证对外交通兴盛和繁荣的港口、码头、仓储、灯塔、造船场等设施和遗址。众所周知,宁波是与海上丝绸之路有着密切联系的港口城市,它作为港口的历史从东汉晚期一直延续到现在,在宋元时期发展到了巅峰。永丰库遗址就为这一史实提供了佐证。永丰库是元代地方官府仓库,主要作用是"收纳各名项断没、赃罚钞及诸色课程(税赋)"(《至正四明续志》)。其规模宏大,结构独特,保存基本完好,是研究宁波乃至全国仓储型建筑的重要例证,同时反映了古代宁波在海上丝绸之路中的重要地位。江厦码头原位于海曙区江厦街新江桥到灵桥一带。北宋时,这里不但建起了一批石砌的海运码头,而且根据宋朝对外贸易的需要,设置了专门管理海舶的市舶司等一整套机构;在灵桥城门北又设置了市舶务城门,称来安门,里面是市舶司(务)机关,并设有市舶库。明景泰四年(1453 年),10 艘日本商船到达宁波港,官府派人从普陀山迎接到江厦码头,然后卸货进入市舶库。

二是见证中外使节、僧侣、商人等人员交流往来的实物遗存。除了丰富的大宗物资,通过宁波向世界传播的还有文化和技术,包括佛教文化、制瓷技术、建筑范式、造船技术等,对日本和朝鲜半岛产生了深远的影响。五磊

---

①　中国文化遗产研究院:《海上丝绸之路·中国史迹申遗文本》(内部资料),2017 年,第 103 页。申报文本涉及广东省广州市、江门市,福建省泉州市、漳州市、莆田市,浙江省宁波市、丽水市,江苏省南京市。

②　中国建筑设计研究院建筑历史研究所:《申报中国世界文化遗产预备名单海上丝绸之路(中国段)申报文本(征求意见稿)》(内部资料),2012 年,第 14 页。

寺距今已有 1700 多年历史,是浙江地区最古老的寺院之一。三国东吴赤乌年间,印度高僧那罗延来到慈溪,创建了浙江境内最早由外来僧人建立的佛教寺院——五磊寺,成为中外佛教文化交流的先导。宁波的天童寺被日本佛教曹洞宗尊为祖庭。据《天童寺志》记载:宋、元、明时期共有 33 位日僧到天童寺参禅、求法;有 11 位僧人赴日弘法、传教。可以说,天童寺是海上丝绸之路历史上宗教文化交往的重要标志。

三是管理海外贸易的专门机构旧址。其中的典型代表是市舶司(务)遗址。市舶是中国古代对中外互市船舶的通称。唐代海外贸易逐渐兴起,朝廷在扬州、广州等港口设有市舶司(务)。北宋真宗咸平二年(999 年),在杭州、明州各置市舶司。到了南宋,由于不断裁撤,两浙的港口中只有明州的市舶机构存续。元代,宁波市舶司一直存在。市舶司(务)一般由市舶司的具体业务办公衙署与贮藏舶货的市舶库组成,外来舶货在来远(来安)亭经检核办理有关手续后,可入市舶务门,运至市舶司内的市舶库贮藏。之后,再通过月湖顺西塘河,经姚江沿浙东大运河、京杭大运河,运往全国各地。

四是见证中外文化和文明融合的实物遗存。如佛寺建筑与文化等。作为中国古代佛教建筑典范的宁波保国寺就对日本乃至东亚地区的寺庙建筑产生过较大影响。保国寺大殿不仅是 11 世纪中国南方木构建筑的唯一遗存,更见证了区域建筑文化通过海上丝绸之路传播的历史。保国寺的建筑布局完整地保留了对日本佛教建筑影响深远的"山门—佛殿—法堂—方丈"这一传统格局。保国寺大殿堪称江浙地区木构建筑文化影响日韩的实物例证,是东亚建筑文化交流圈建筑营造技艺的杰出典范。

五是见证中外贸易频繁往来的大宗货物(如丝绸、瓷器、茶叶、书籍)产地的实物遗存。海上丝绸之路兴起的直接原因是东西方贸易的发展。唐以前,中国对外贸易以丝绸为主;自中唐起,随着海上丝绸之路的发展,瓷器逐渐成为海外贸易的大宗商品。明州(宁波)越窑青瓷制作及外销的高度繁荣,是对外贸易发展的必然结果,同时又是港口兴盛的强大动力。上林湖越窑遗址分布于上林湖、上岙湖、杜湖(里杜湖)、白洋湖和古银锭湖,是一个以上林湖为中心的窑群遗址区。上林湖越窑遗址已发现有古窑址 200 余处,烧造历史自东汉至宋,晚唐、五代、北宋初期是越窑发展的鼎盛时期。上林湖是越窑的中心产地,朝廷先后在此设立"贡窑"和"置官监窑",大量烧制

"秘色瓷"。其产品不仅上贡朝廷,还通过海路大量运销亚洲其他国家以及非洲。越窑青瓷成为我国最早出运海外的大宗贸易陶瓷,被誉为开拓海上陶瓷之路的先驱。

六是航路(线)遗存。海上丝绸之路有多条航线,包括东海航线和南海航线两条主线路。其中东海航线源于春秋战国时期,齐国在胶东半岛开辟了"循海岸水行"直通辽东半岛、朝鲜半岛、日本列岛直至东南亚的黄金通道;唐代,山东半岛和江浙沿海的中韩日海上贸易逐渐兴起。南海航线源于先秦时期,岭南先民在南海乃至南太平洋沿岸及其岛屿开辟了以陶瓷为纽带的交易圈,经中南半岛和南海诸国,穿过印度洋,进入红海,抵达东非和欧洲,途经100多个国家和地区。

七是非物质文化遗产。在海上丝绸之路上,非物质文化遗产作为无形的"活"的遗产,展示着海洋文明一脉相承的特性。它也是中华优秀传统文化的一部分,如民间风俗非遗(开渔节、谢洋节)、民间信俗非遗(妈祖信俗、石浦—富岗如意信俗、观音信俗)、艺术非遗(越窑青瓷烧造技艺)、文学非遗(徐福东渡传说、镇海口海防历史故事)等。其中,越窑青瓷是我国历史最悠久、影响最广泛的青瓷体系,被称为中国的"母亲瓷"。

第二章　宁波海上丝绸之路发生与发展

　　宁波是人类从事浅海活动的最早地区之一。[①] 早在 7000 多年前,河姆渡先人就能造船并用于水上生产。春秋时期,越王在句章港设置造船工厂,制造战船,兴办水师,同时吸引前来贸易的"海人"。到了汉代,上林湖古窑址生产的越窑青瓷,漂洋过海到达日本列岛、朝鲜半岛和东南亚国家,宁波经济文化交流日益向海内外拓展。直至唐宋,随着唐朝设明州,宋朝全方位推动对外开放,明州商贸走向鼎盛,逐渐成为中国与高丽(朝鲜半岛)、中国和日本贸易的重要港口。宁波这座兼具江南水乡婉约风韵与海上丝绸之路开放气度的城市,其历史变迁画卷,时而汩汩流淌,时而荡气回肠,时而波澜壮阔。

一、宁波海上丝绸之路形成与发展的要素

　　宁波濒临东海,地处中国南北海岸线的中段,优异的自然人文条件造就了宁波在海上丝绸之路上的独特地位。就如日本汉学家斯波义信在《宁波及其腹地》中所言:"以宁波为中心的通航水道的早期发展以及漫长的远洋

---

　　① 许勤彪:《宁波历史文化二十六讲》,宁波出版社,2005 年,第 74 页。

和沿海的贸易航线,使运输费用下降到最低限度,而在现代以前的农业社会里,昂贵的运费严重地阻碍了商业的专业化。结果,气候、土壤、地形、自然动植物区系以及单一地以宁波为中心的运输网等相当有利的条件,能以特殊的效能转化为适合中心城市要求的地方专业化。这样,随着区域经济发展的成熟,宁波成为一个高度商业化的、内部以复杂而综合的形式分异的并具有发达的经济中心的区域。这些特点意味着,除了采掘工业外,各部门都有相当多的经济行家,他们内部有很好的分工,并多具有中间商的性质。"①

(一)优越的地理环境是海上丝绸之路发展的先决条件

地理环境是人类存在与文化创造的先决条件。诸多历史典籍都曾对宁波的区位条件有过记载。《宝庆四明志》卷一《叙郡上·分野》中有"为会稽之东部"的说法。《延祐四明志》卷八《城邑考上·公宇》中有"明三垂际海,扶桑在其东,瓯粤在其南,且控扼日本诸蕃,厥惟喉襟之地"的记载。明李贤撰《明一统志》卷四十六《宁波府》载:"东南要会,东渐巨海,西通五湖,南畅无垠,北渚浙江。负溟渤,控扶桑,倚巨镇,通长江。抱负沧海,枕山臂江。水陆并通,太湖漫其西南,大江带其东北。"

从地理位置来看,宁波拥有发达的水运条件,具体包括海运、内河运输以及江海联运。

宁波地处我国海岸线的中段。宁波城内的余姚江、奉化江、甬江将州城分为三部分,即如今的鄞州、海曙、江北。余姚江、奉化江交汇处形成甬江,甬江流向大海。而在三江(即余姚江、奉化江、甬江)交汇处则是宁波城的中心位置——三江口。这里又是各路商船的云集之处。宋元时期,明州(庆元)大量水利工程的兴修,使得明州(庆元)地区的水运条件得到进一步的改善,水网分布更加密集。城乡之间的联系通过便捷的水运变得更加密切。明州(庆元)水利事业的大发展主要集中在南宋宝祐二年(1254 年)至开庆元年(1259 年),元延祐年间(1314—1320 年)、至正年间(1341—1368 年)等时段。这些水利工程的兴建不仅有利于农业的发展,同时也极大地改善了明州(庆元)地区的航运条件,使得货物在城乡之间的流通更加快捷。以鄞县

---

① 施坚雅:《中华帝国晚期的城市》,叶光庭等译,中华书局,2000 年,第 513 页。

(现宁波市鄞州区)西乡的水运为例,据《至正四明续志》卷四《山川·鄞县西乡》记载:"自堰(它山堰)之上,北入于溪百余丈,折西东之,经新安、许家,会普宁寺前小溪、唐家堰、新堰面,此前港也;自普宁寺东分流,北入慧明桥,经仲夏,此后港也。仲夏之水,至新堰面合流,经北渡、栎社、新桥入南城甬水门,潴为二湖,曰日,曰月,畅为支渠,脉络城市,出西城望京门,至望春桥,接大雷、林村之水,直抵西渡,其间支分派别,流贯诸港……舟通货物,公私所赖,为利无穷。"由此可见,它山堰及其水流经的城乡之间已经形成了多个水运网络。当然,它山堰只是一个水利工程,诸如这样的水利工程还有很多。①

宁波本土水利工程的修建为航运条件的改善起到积极作用,而浙东运河的开通,使得宁波的水系不仅与京杭大运河连在一起,还与长江水系连成一片。浙东运河,又名杭甬运河,是江南运河向浙东地区的延伸。浙东运河西起杭州钱塘江西岸的西兴镇,流经萧山、绍兴、上虞、余姚、宁波等地,在镇海城南注入东海,全长250余千米。这条运河是浙东平原的一条大动脉,它沟通了京杭大运河和浙江境内的钱塘江、钱清江、曹娥江、慈溪江、甬江等水系。"唐以后运河沿线建起了官塘、纤道、埭堰等航运配套设施,使之成为一个完整的水利工程。浙东运河又是沟通宁波港与海外进行商品贸易、文化交流的一条重要通道。"②

宁波三江口优越的地理区位因素,对海上丝绸之路的发展起着关键而持久的作用。三江口距海20余千米,甬江直通大海。甬江水位随潮涨落,远洋大帆船可以溯江抵达三江口;而内河舢板船借运河之便,可抵达中国内地绝大部分地区。可以说,三江口地带能够形成港区的关键,不仅在于三条大江的沟通、腹地的进一步扩展,而且在于海道与河道的沟通。河海联运,使浙东地区乃至长江沿岸广大地区获得了物资的流通,遂使三江地域水上交通枢纽逐步形成,成为江海内外物资的集散地。③

---

① 成岳冲:《论宋元宁波地区主干水利工程的分布与定型》,《浙江学刊》1993年第6期。

② 中国旅游文化大辞典编辑委员会:《中国旅游文化大辞典》,江西美术出版社,1994年,第345页。

③ 丁洁雯:《大运河(宁波段)与海上丝绸之路的重要衔接》,《宁波大学学报(人文科学版)》2016年第4期。

值得注意的是,早期的海上航行使用风帆作为行进动力,因此十分依赖于季风之便。"苏松事体与福浙不侔。曾尝乘海舶凌惊涛、览形胜及讯熟行海岛之人而知之。夫倭舶之来,必由下八山分踪。若东南风猛,则向马迹,西南行过韭山,以犯闽粤;若正东风猛,则向大衢西行,过乌沙门,以犯浙江;若东北风猛,则向殿前、羊山,过淡水门,以犯苏松。"①宁波属于亚热带季风气候区,季风交替规律显著。冬季受蒙古高压控制,盛行西北风或北风,受其影响,近海洋流方向由北向南;夏季受太平洋副热带高气压控制,以东南风为主,受其影响,近海洋流调转方向,改为由南向北。明人早已指出,要"悬渡大海,经以旬月,非风候不行"②。这样的地理位置和气候特点给海上航行创造了优越的条件。

(二)丰厚的物产是海上丝绸之路繁荣的基础

宁波位于东海之滨,长江三角洲南翼,东临大海,背倚四明山、天台山,气候温和,特产丰富,古有"四明三千里,物产甲东南"之称。《史记·货殖列传》有云:"浙江南则越……东有海盐之饶,章山之铜,三江、五湖之利,亦江东一都会也。"雍正《浙江通志》卷二十二《形胜》引用汉晋唐宋典籍对浙江评述的内容,详细叙述了浙江优越的区位优势和丰富的海洋物产:

> 《汉书·严助传》曰:会稽东接于海,南近诸越,北枕大江。《晋书·诸葛恢传》:今之会稽,昔之关中。左思《吴都赋》:江湖陂险,物产殷充。《唐书·天文志》:自南河下流,南涉江淮为吴越,负海之国,货殖之所阜也。《宋史·地里志》:(两浙)东际海,西控震泽,北又滨于海。苏轼《表忠观碑》:吴越地方千里,带甲十万,铸山煮海,象犀珠玉之富甲天下,大城其居,包络山川,左江右湖,控引岛蛮。欧阳元《江浙行省兴造记》:北枕江淮,西放彭蠡,南极于海,供给当天下半。《图书编》:浙江,古扬州地,崇山巨岭,所在限隔,然嘉湖与江淮相表里,严衢以徽饶为郛郭,左信都,右闽关,大海东蟠绕出淮扬之域,四通八达之区也。

唐代北方战乱使得大量士子、流民南迁。唐代诗人李白在《为宋中丞请

---

① 郑若曾:《江南经略》卷一。
② 归有光:《震川先生集》卷八《论御倭书》。

都金陵表》中大发感慨:"今自河以北,为胡所凌;自河之南,孤城四垒。……天下衣冠士庶,避地东吴,永嘉南迁,未盛于此。"顾况《送宣歙李衙推八郎使东都序》云:"天宝末,安禄山反,天子去蜀,多士南奔,吴为人海。""靖康之变"后,北方人的又一次大规模南迁开始了。《宋史》卷四五三《列传·忠义(八)》载:"建炎末,士大夫皆避地……衣冠奔蹐于道者相继。"大量南下的民众为南方经济的发展带来了充足的劳动力、北方先进的农业种植技术及丝织等手工业技术。这在很大程度上推动了南方农业、手工业的发展。与此同时,南方的海外贸易也呈现迅速发展的势头。在此背景之下,中国的经济重心开始发生转移,并最终完成于南宋。此时的南方已成为富庶之地,而江浙则显得更加富有。

明人张瀚论及浙江经济发展概况时就言:"浙江右联圻辅,左邻江右,南入闽关,遂达瓯越。嘉禾边海东,有鱼盐之饶。吴兴边湖西,有五湖之利。杭州其都会也,山川秀丽,人慧俗奢,米资于北,薪资于南,其地实啬而文侈。然而桑麻遍野,茧丝绵苎之所出,四方咸取给焉。虽秦、晋、燕、周大贾,不远数千里而求罗绮缯币者,必走浙之东也。宁、绍、温、台并海而南,跨引汀、漳,估客往来,人获其利。严、衢、金华,郪郭徽饶,生理亦繁。而竹木漆柏之饶,则萃于浙之西矣。"①

宋元时期,大批中国船商从明州等港口出发,将装满船舶的物资运往海外,参与国际市场贸易。明州(庆元)出口产品主要有陶瓷、丝绸、茶叶等。

宁波境内山脉主要为四明山脉和天台山余脉,多丘陵山地,现有山地面积 2400 多平方千米,最高峰海拔近千米,平均海拔四五百米,植被良好,山地肥沃。四季分明,气候宜人,雨量充沛,目前年平均气温为 16.4 摄氏度,平均年降水量 1480 毫米,各地多有野生茶资源,是浙江也是中国绿茶的主要产地。陆羽在《茶经》四之器、七之事及《顾渚山记·获神茗》中,先后三次转引《神异记》故事。《茶经·七之事》曰:"余姚人虞洪,入山采茗,遇一道士,牵三青牛,引洪至瀑布山,曰:'予,丹丘子也。闻子善具饮,常思见惠。山中有大茗,可以相给,祈子他日有瓯牺之余,乞相遗也。'因立奠祀。后常令家人入山,获大茗焉。"《茶经·八之出》将余姚大茗赞为"仙茗":"浙东,以

---

① 张瀚:《松窗梦语》卷四《商贾纪》。

越州上(余姚县生瀑布泉岭曰仙茗,大者殊异,小者与襄州同)。"

宋代时,浙江茶叶种植普遍,并且在一些地方出现了颇有名气的茶叶。宋人高似孙在《剡录》中曾说:"越产之擅名者,有会稽之日铸茶、山阴之卧龙茶、诸暨之石笕茶、余姚化安之瀑布茶、嵊县之西白山瀑布茶……"①诗人林逋曾用"白云峰下两枪新"来形容杭州西湖山区产的名茶。明代,浙江茶叶等经济作物大量种植。如杭州府所属的於潜县,"县民之仰食于茶者十之七"。民国《杭州府志》云:"今杭茶为四方所珍,无地不售。而海口通商以来,每岁货茶出洋之值,以数十百万计,其利与蚕丝相埒,实出产之一大宗也。西湖南北山及钱塘定乡之浮山所产尤佳。"浙江丰富、优质的茶树资源,是中国茶输出海外的良好基础。唐代日僧最澄、空海带到日本的茶树、茶籽,即是包括四明山在内的浙东茶树、茶籽。清代刘峻周受俄国皇家采办商波波夫邀请,带领宁波茶厂的12位同事,将宁波茶树、茶籽带到格鲁吉亚。刘峻周被尊为"茶叶之父""红茶大王"。

宁波的余姚、慈溪、鄞州等地还是历史上越窑青瓷的主要产地。1987年,陕西法门寺唐塔地宫出土了13件首次发现的奇特瓷器,其形状规整,造型精美,晶莹凝润。釉色有湖绿、青绿、青灰、青黄和淡黄,其中两件为银棱金银平脱鸟纹瓷碗。另有碗5件、盘4件、碟2件。同时出土的地宫《物帐碑》记载:"真身到内后,相次赐到物一百二十件。……瓷秘色碗七口,内二口银棱。瓷秘色盘子、叠子共六格……"经专家考证,这就是千百年来人们梦寐以求的浙东上林湖越窑秘色瓷,是迄今所见唯一能与实物相互印证的有关秘色瓷的记载,清楚地说明了这批瓷器的来源、件数以及唐人对其称谓。而这些出土的陶瓷中,除了有产自越窑的青瓷,还有大量产自处州(今丽水)龙泉窑的瓷器。龙泉青瓷是在仿烧越窑青瓷基础上所发展和创新的产品。南宋以后,龙泉青瓷的发展进入鼎盛阶段。元代龙泉青瓷更是取代越窑青瓷而成为出口的主打产品,远销到今天的津巴布韦、南非等地。南宋赵汝适的《诸蕃志》、元代汪大渊的《岛夷志略》等书对宋元时期龙泉青瓷的外销情况均有记载。②

---

① 转引自程启坤、庄雪岚:《世界茶业100年》,上海科技教育出版社,1995年,第69页。

② 刘晓斌:《宋元龙泉青瓷外销探析》,《江西文物》1991年第4期。

宋代浙江的纺织业已经比较发达,其品种有丝织、麻织、棉织等。其中丝织业的发展水平在全国更是首屈一指。据学者统计,北宋时,两浙路每年征收的丝织品在全国总额中所占的比重:罗为 65.42%,绢为 36.79%,绸为 26.51%,丝绵为 63.20%。以上 4 项合计 35.30%。① 南宋时期,临安(今杭州)的织丝技术达到了精妙绝伦的地步。时人这样描述:"衣则纨绫绮绤,罗绣縠絺,轻明柔纤,如玉如肌,竹窗轧轧,寒丝手拨,春风一夜,百花尽发。"② 进入元代以后,浙江依然是全国重要的丝绸产区,并且很多地方设有织染局。即便是产丝较少的庆元路,一年上供岁额也是六度长的缎匹 3291 件。此外,湖州、杭州、婺州等地的私营丝织业也很兴盛,多设有手工作坊,其技术也大多接近或超过南宋时的水平。从明中叶开始,杭嘉湖桑蚕丝织业已居全国之冠。③ 明代,湖州地区"比户养蚕"④。"蚕月,夫妇不共榻,贫富彻夜搬箔摊桑","丝绵之多之精甲天下"⑤。 桐乡"人稠地窄,农无余粟,所赖者蚕利耳"⑥。

明代,两浙区域已经雄踞江南财赋之首:

> 以今观之,浙直又居江南十九。而苏、松、常、嘉、湖五郡又居浙直十九也。今天下夏税秋粮以石计者,总二千六百七十九万余,而浙江布政司二百五十一万余,苏州府二百九万一千余,松江府一百三万一千余,常州府七十六万一千余。此一藩三府之地,其民租比天下为重,其粮额比天下为多,今国家都燕,岁漕江南米四百余万石以给京师,而此五郡者几居江西湖广南直隶之半。⑦

---

① 陈国灿、奚建华:《浙江古代城镇史研究》,安徽大学出版社,2000 年,第 88 页。
② 孔凡礼:《三苏年谱》(第 1 册),北京古籍出版社,2004 年,第 677 页。
③ 蒋兆成:《明清杭嘉湖社会经济研究》,浙江大学出版社,2002 年,第 61 页。迄今为止,学界关于明清杭嘉湖地区社会经济史的研究,当以蒋兆成先生为翘楚。
④ 《乾隆湖州府志》卷三十一《蚕桑》。
⑤ 王士性:《广志绎》卷四《江南诸省》,《元明史料笔记丛刊》本,中华书局,1981 年。
⑥ 《正德桐乡县志》卷二《物产》,见《中国地方志集成·浙江府县志辑》,上海书店,1993 年。
⑦ 郑若曾:《郑开阳杂著》卷二《万里海防图论下·论财赋之重》。

（三）船舶制造与航海技术是海上丝绸之路发展的保障

宁波海上丝绸之路的发展与其重要的运输载体即舟楫的发展及罗盘针等航海技术的进步有很大关联。可以说，航海业是宁波港口持续发展的动力。

早在7000多年前，在今天宁波余姚河姆渡一带的先民就已经能制造和使用舟楫，并开始了原始的航海活动。据《史记·夏本纪》载，夏少康王五二年，封庶子无余于会稽，建立越国，其领地包括现在的整个宁波地区，故宁波古属越地。《越绝书》说："水行山处，以舟为车，以楫为马，往若飘风，去则难从。"说明那时的宁波人，造船和驾船的技术都已经很高超了。周代，宁波先民使用舟楫更加普遍，且造船水平有了进一步提升。《艺文类聚》卷七十一所引《周书》中就有"周成王时，于越献舟"的记载。唐代，明州及其周边的越州（今绍兴）、温州、台州等成为国家固定的官办造船基地，几乎都设有造船场。进入宋代，随着明州地区内部市场完善，海外贸易繁盛，有着悠久传统的造船业更是获得了长足的发展，并进入强盛阶段。

《宝庆四明志》卷三《叙郡下》载："造船场，城外一里，甬东厢。""甬东厢"就是现在三江口余姚江南岸江心寺到江东庙一带，即后来称战船街的地方。当时还设立了造船官，负责管理造船事宜。《宝庆四明志》卷三《叙郡下·官僚·造船官》载：

> 国朝皇祐中，温、明各有造船场。大观二年，以造船场并归明州，买木场并归温州。于是，明州有船场官二员，温州有买木官二员，并差武臣。政和元年，明州复置造船、买木二场，官各二员，仍选差文臣。二年，为明州无木植，并就温州打造，将明州船场兵级、买木监官前去温州勾当。七年，守楼异以应办三韩岁使船，请依旧移船场于明州，以便工役。寻，又归温州。宣和七年，两浙运司乞移明、温州船场，并就镇江府奏辟监官二员，内一员兼管买木。未几，又乞移于秀州通惠镇，存留船场官外省罢，从之。中兴以来，复置监官于明州。

从上述史料中可以看出：管理造船的官员主要分为造船、买木两种，主要是由文官担任。在宋朝时，明州是重要的造船基地，尽管其中也曾有过变动。

除了姚江南岸这个大型造船场之外,在明州下辖的镇海招宝山下的甬江口北岸还有一处大型造船场,这里又是朝廷指定的专门打造出使船只的造船场。元丰五年(1082年),朝廷命安焘、陈睦二学士出使高丽,勒令明州造万斛船两只,命名为凌虚致远安济神舟、灵飞顺济神舟。到了徽宗宣和五年(1123年),朝廷又派路允迪出使高丽,并复诏明州造两艘更大的神舟,名曰鼎新利涉怀远康济神舟、循流安逸通济神舟。如今,招宝山造船场已成为海上丝绸之路的重要历史文化遗存。

明州市舶司也有直属的造船、修船港,其主要承接过往船只的修理业务,地点在今天江厦码头区和灵桥一带靠近奉化江的地方。清人徐兆昺在《四明谈助》卷二十九中也曾提到这个船厂:"灵桥门外下番滩头,又名'寺湾'。"

除了官办的造船场,在民间还有私人造船场,多是无固定场所和人员比较松散的民营造船工场。其规模比较小,主要由造船主自备材料,聘请造船匠师,选择适宜的海滩或江岸打造小客舟、货舟与渔舟。经过考古证实,当时船的种类很多,且分工很细。仅以鄞县、镇海为例,就有大对船、小对船、墨鱼船、大蒲船、淡菜船、冰鲜船等。此外,还有溜网船、拉钓船、张网船、闵渔船、小钓船、串网船、元蟹船、海蜇船、抛钉船等。宋元时期,明州(庆元)的造船规模及造船技术都上了一个新的台阶。宋建炎三年(1129年)"己卯,帝次明州。提领海船张公裕奏已得千舟,帝甚喜"[1]。这么多的海船能在短时间内凑齐,不能不归功于明州造船业的发达。斯波义信在《宁波及其腹地》中指出:"1259年,本区沿海有将近8000艘航海帆船、小帆船和渔船。其中,属于鄞县人的624艘,定海(即后期的镇海)人的1191艘,象山人的776艘,奉化人的1699艘,慈溪人的282艘,舟山群岛(当时昌国县)人的3324艘。"[2]由此可见,当时民间造船实力还是比较雄厚的。即使到了清代,宁波港仍为我国造船基地之一。《四明谈助》卷二十九记载:"今之船厂或即宋船场也,大舰陈于江涂,灰油、麻、铁、杂作纷营。……凡巡洋营船皆出于此,宁绍台道掌其事。"

---

① 曾公亮、丁度等:《武经总要前集》卷十一。

② 施坚雅:《中华帝国晚期的城市》,叶光庭等译,中华书局,2000年,第474页。

造船用的木材主要来自温州一带。鄞州区集仕港附近的一所寺庙中发现的两块宋碑记载："政和八年六月十九日奉御笔。明州先拘拦兑买过提举后苑作、制造御前生活所温、处州置买到方木,本州打造入贡坐舡使用了当,可令楼异将已桩下买木价钱,依拘拦借使过方木尺径大小、色额、数目,疾速计置起发上京付本所,付楼异。"

宋元时期,明州(庆元)建造的海船已具有良好的航海性。1979 年,在宁波东门口发现了宋代海运码头及一艘宋代古船。考古工作者经过研究,证实了一项惊人的发现:该船装有现代海洋船舶经常装设的减摇龙骨。出土的这艘海船说明,我国在北宋末年就已经应用了减摇龙骨,这比国外大概要早 700 年。此外,这艘船还设有水密舱壁,这大大地提高了船只的抗沉性。《宣和奉使高丽图经》卷三十四《海道一·客舟》载:

其长十余丈、深三丈、阔二丈五尺,可载二千斛粟。其制,皆以全木巨枋挽叠而成,上平如衡,下侧如刃,贵其可以破浪而行也。其中分为三处。前一仓不安艎板,惟于底安灶与水柜,正当两樯之间也,其下即兵甲宿棚。其次一仓装作四室,又其后一仓谓之庮屋,高及丈余,四壁施窗户,如房屋之制,上施栏楯,朱绘华焕,而用帘幕增饰,使者官属各以阶序分居之。上有竹篷,平时积叠,遇雨则铺盖周密。然舟人极畏庮高,以其拒风,不若仍旧为便也。船首两颊柱中有车轮,上绾藤索,其大如椽,长五百尺,下垂碇石,石两旁夹以二木钩船,未入洋,近山抛泊,则放碇着水底,如维缆之属,舟乃不行。若风涛紧急,则加游碇,其用如大碇,而在其两旁,遇行则卷其轮而收之。后有正柂,大小二等,随水浅深更易。当庮之后,从上插下二棹,谓之三副柂,惟入洋则用之。又于舟腹两旁,缚大竹为橐以拒浪。装载之法,水不得过橐,以为轻重之度。水棚在竹橐之上,每舟十橹,开山入港,随潮过门皆鸣橹而行。篙师跳踯号叫,用力甚至,而舟行终不若驾风之快也。大樯高十丈,头樯高八丈,风正则张布帆五十幅,稍偏则用利篷,左右翼张,以便风势。大樯之巅,更加小帆十幅,谓之野狐帆,风息则用之。然风有八面,唯当头不可行。其立竿以鸟羽候风所向,谓之五两。大抵难得正风,故布帆之用,不若利篷翕张之能顺人意也。海行不畏深,惟惧浅阁,以舟底不平,若潮落则倾覆不可救,故常以绳垂铅硾以试之。每舟篙师水手可六十人,惟恃首领熟识海道,善料天时、人事而得众情,故若一有仓卒之虞,首尾相应如一人,则能济矣。若夫神舟之长阔、高大,什物、器用、人数,皆三倍于客舟也。

从这段文字中,我们可以看到当时的海船抗风、拒浪的能力都大大提高了,并且还使用多樯多帆来充分借用各方来风,以提高航行的速度。

宋元时期,明州(庆元)建造的船只还装有指南针。《宣和奉使高丽图经》卷三十四《海道一·半洋焦》云:"是夜,洋中不可住,惟视星斗前迈。若晦冥,则用指南浮针,以揆南北。入夜,举火,八舟皆应。"这一时期,明州(庆元)前往高丽、日本等东洋航线的船只已能熟练运用季风气候来从事航行。《宣和奉使高丽图经》卷三《城邑·封境》载:"自元丰以后,每朝廷遣使,皆由明州定海放洋,绝海而北,舟行皆乘夏至后南风,风便不过五日。"

除此之外,大约到了元明时期,我国天文航海技术有了很大的发展,已能通过观测北极星的高度来确定地理纬度,这就是过洋牵星术。牵星术是通过专门的牵星板来进行的。牵星板最大的一块为十二指板,最小的为一指板。使用时,左手拿牵星板一端中心,手臂伸直,眼看星空,使牵星板板面与海平面垂直,观测星体离海平面的高度。牵星板用优质的乌木制成,一共12块,正方形,最大的一块每边长约24厘米,以下每块递减2厘米,最小的一块每边长约2厘米。另有用象牙制成的小方板,四角缺刻,缺刻四边的长度分别是上面所举最小一块边长的1/4、1/2、3/4和1/8。比如用牵星板观测北极星,左手拿木板一端的中心,手臂伸直,眼看天空,木板的上边缘是北极星,下边缘是水平线,这样就可以测出所在地的北极星距水平面的高度。高度不同时,可以用12块木板和象牙块四缺刻替换调整使用。求得北极星高度后,就可以计算出船舶所处的地理纬度。指南针与过洋牵星术有力保障了船舶的顺畅航行。

造船及航海技术的进步与发展为宁波历史上海外贸易的大发展提供了坚实的支撑点。性能优良的船只更便利了宁波与海内外各地的物资、人员、文化交流,从而有力推动了城市的发展。

(四)商业思想与商帮发展是海上丝绸之路繁荣的重要因素

历史上,宁波人外出经商的传统悠久。比如,范蠡的传说天下皆知,在宁波地区更是广为流传,而东钱湖的陶公山据说就是范蠡的隐居地。《史记·越王勾践世家》记载的"范蠡三徙,成名于天下",成为后世诸多宁波商人的座右铭。公元前222年,秦在今宁波辖境内设置鄞县,鄞县因当地有鄞山而得名。而据《四蕃志》载:"有海人持货贸易于此,故名。"据考证,鄞县所在正是今天鄞州区五乡、宝幢一带,可见鄞人商贸活动之早。在重商、惠商思想的长期熏陶下,鄞人的商贸活动在晋代已有相当大的发展。《宝庆四明志》记载,"古鄞县乃取贸易之义,居民喜游贩鱼盐,颇易抵冒,而镇之以静,亦易为治。南通闽广,东接倭人,北距高丽,商舶往来,物货丰溢……实一要会也"。到了唐代,明州已成为国内三大贸易港口之一,日本遣唐使来中国,多次在此登陆。高僧鉴真东渡日本,第二次从明州城出发,随去的还有明州、扬州的雕塑师。晚唐至五代的百余年间,明州港一直是中国与日本、高丽、印度和东南亚各国通商贸易的三大港口之一。在晚唐和北宋时期,明州还是通向南亚、中近东和非洲东岸海上丝绸之路、陶瓷之路的起航之地,东钱湖四周正是越窑青瓷的主要产地之一。由于海运便捷,中外商船往来不绝。元代庆元海外贸易进一步发展,紧靠大海的地缘关系使元代庆元民众对海洋的依存度进一步提高,"五谷之生,随地所宜,郡居海陬,民趋渔业,况山硗地确,种艺辛苦,民无终岁之蓄。计之户口,借贩籴者半之"①。在元代经由海上来庆元的物品种类繁多,据《至正四明续志》卷五《土产》记载,经由庆元的市舶物货有:

珊瑚、玉、玛瑙、水晶、犀角、琥珀、马价珠、生珠、熟珠、倭金、倭银、象牙、玳瑁、龟筒、翠毛、南安息、苏合油、槟榔、血竭、人参、鹿茸、芦荟、阿魏、乌犀、腽肭脐、丁香、丁香枝、白豆蔻、莐澄茄、没药、砂仁、木香、细辛、五味子、桂花、诃子、大腹子、茯苓、茯神、舶上茴香、黄芪、松子、榛子、松花、黄熟香、粗熟、黄熟头、速香、沉香、暂香、蓬香、虫漏香、没斯宁、蟹壳香、蓬莱香、登楼眉香、旧州香、生香、光香、阿香、委香、嘉路香、吉贝花、吉贝布、木棉、三幅布罩、番花棋布、毛驼布、袜布、鞋布、吉贝纱、胡椒、降真香、檀香、糖霜、苓苓香、麝香、脑香、人面干、紫矿、龙骨、

---

① 《至正四明续志》卷五《土产》。

大枫油、泽泻、黄蜡、八角茴香、金颜香、朱砂、天竺黄、桔梗、麝香、铧香、鹏砂、新罗漆、笃耨香、乌黑香、搭泊香、水盘香、肉豆蔻、水银、乳香、喷哒香、龙涎香、栀子花、红花、龙涎、修割香、碉砂、牛黄、鸡骨香、雌黄、樟脑、赤鱼鳔、鹤顶、罗纹香、黄紧香、赖核香、黑脑香油、崖布、绿矾、雄黄、软香、脊蛉皮、三泊、马鸦香、万安香、交趾香、土花香、化香、罗斛香、高丽青器、高丽铜器、荜拨、沙鱼皮、桂皮。

至明代中叶，诚如民国《鄞县通志》记载，本地"民性通脱，务向外发展，其上者出而为商，足迹几遍国中"，"至五口通商后，邑人足迹遍履全国、南洋、欧美各地，财富日增"。民国《定海县志》也说："国内北至蒙古，南至粤桂，西至巴蜀，国外日本、南洋，以及欧美，几无不有邑商足迹。"明成化四年（1468年）夏，有日本使臣来进贡，其通事（翻译）有三人，自称原为鄞人，幼时被掠至日本，此行是借道回乡祭扫祖墓的。[①]

宁波商帮形成于明朝后期至清朝初期，其标志是明朝万历至天启年间宁波药业商人在北京创立"鄞县会馆"。清初慈溪成衣行业商人，也在北京创立了"浙慈会馆"。19世纪中期以后，宁波商帮迅速发展。第一次鸦片战争后，中英不平等的《南京条约》签订，宁波被辟为五口通商口岸之一，逐渐半殖民地化。一方面，列强在宁波控制海关，垄断海外贸易；另一方面，宁波的商业贸易、金融业随之兴起。宁波商帮的活动地域已不限于北京及沿海通商大埠和长江中下游大中城市，而扩展到全国各地，包括市镇、乡村和山城，甚至远达海外，全力开拓和占领新的市场。自此，宁波人"商旅遍于天下，如杭州、绍兴、苏州、上海、吴城、汉口、牛庄、胶州、闽广诸路贸易甚多。或一岁一归，或数岁一归，携带各处土物馈送亲友，甚至东洋日本，南洋吕宋、新加坡，西洋苏门答腊、锡兰诸国亦措资结队而往，开设廛肆，有娶妇长子孙者"[②]。

近代以来，宁波人向海外迁移有过两次高潮。第一次是在19世纪末20世纪初，由于社会苦难，迫于生计，很多宁波人——主要是谋生求食的农民、

① 鄞州区社科院（联）：《从鄞商看"实干、担当、奋进"的新时代鄞州精神》，《鄞州史志》2019年第4期。

② 《光绪鄞县志》卷二《疆域·风俗》。

渔民以及俗称的"三把刀"(即从事理发、厨师、裁缝的手工业者),另外还有少数的海员和水手,漂洋过海谋生。他们虽然出身大多比较低微,但经过长期的艰苦奋斗,也不乏颇有建树的商人,如鄞州姜山镇定桥村的陈纪麟、茅山镇胡家坟村的胡嘉烈,以及鄞西樟村镇的闻儒根。第二次则是在 20 世纪中期,受战争及大时代变更影响,很多宁波人经由上海辗转移至香港、澳门,或到国外的南北美洲、大洋洲及西欧生活、创业及发展。其中大部分是从事工商实业的宁波商人,很多都在移居地经商成功,成为有名望的企业家、实业家。

乾嘉之际,宁波出现了颇为活跃的经营海上航运业的热潮,这也就是蜚声一时的宁波南、北号商帮。日本汉学家斯波义信在《宁波及其腹地》中对"南号"和"北号"有详尽的描述:"在宁波以'南帮'或'南号'著名的南方贸易商向宁波输入木材、进口木、铁、铜、麻布、染料、药材、胡椒、糖、干果、香和杂物;他们向南方各港输出产于长江中下游的丝、棉、纺织品、陶瓷器和海产品。以'北帮'和'北号'著名的北方贸易商向宁波输入豆类、豆饼(植棉业日益需要的种肥料)、牛骨、猪油、药材、染料、干鱼、干果;向北方输出稻米、糖、海产品、药材、棉织品、纸张、毛竹、木材和杂货(这些物品来源于长江中下游以及更远的南方地区)。"[①]清胡德迈《甬东竹枝词》这样描述当时的情景:"巨舻帆樯高插天,危楼簇簇见朝烟。江干昔日荒凉地,半亩如今值十千。"作为中国沿海贸易的商品中转枢纽组成部分的宁波,经济已相当发达,吸引了大量客商,同时也刺激了土地价格的上升。

浙江漕粮海运实施后,宁波南、北号商帮的沙船开始发挥重要作用。浙江首次海运漕粮,受雇出运的北号商船约 130 余只,其中单独派船 6 只以上的就有 11 家。由于浙江的海运运米量保持在六七十万石的水平,需船较多,而承运的商船不仅可以获得数十万两银子的运费和数万石的耗米收益,并且按规定每次出运漕米可得两成免税货物(约合 10 万多担);商船运漕米抵津卸空后,又可以前往辽东装载油豆等北货南归(约 100 万担),获利颇多。宁波南、北号商家皆"自置海舶,大商一家十余号,中商一家七八号,小

---

①　施坚雅:《中华帝国晚期的城市》,叶光庭等译,中华书局,2000 年,第 478 页。

商一家二三号"①。为更好地团结协作谋求利益,咸丰三年(1853 年),宁波所辖的鄞、镇、慈三邑九户北号船商,便捐资修建了"辉煌恒赫,为一邑建筑之冠"的庆安会馆。《甬东天后宫碑记》载:"吾郡回图之利,以北洋商舶为最巨。其往也,转浙西之粟达之于津门。其来也,运辽燕齐莒之产贸之于甬东。"业务繁盛可见一斑。由此可见,商帮与漕粮海运对沿海区域经济的发展起到了积极的推动作用,成为海上丝绸之路繁荣的重要因素。

二、宁波海上丝绸之路发展历程

就全国来说,朝廷采取通使等手段,开创对外交往与贸易,最早在汉代。据《汉书·地理志》卷二十八下记载:

> 自日南障塞、徐闻、合浦船行可五月,有都元国;又船行可四月,有邑卢没国;又船行可二十余日,有谌离国;步行可十余日,有夫甘都卢国。自夫甘都卢国船行可二月余,有黄支国,民俗略与珠崖相类。其州广大,户口多,多异物,自武帝以来皆献见。有译长,属黄门,与应募者俱入海市明珠、璧流离、奇石异物,赍黄金、杂缯而往。所至国,皆禀食为耦,蛮夷贾船,转送致之。亦利交易,剽杀人。又苦逢风波溺死,不者数年来还,大珠至围二寸以下。平帝元始中,王莽辅政,欲耀威德,厚遗黄支王,令遣使献生犀牛。自黄支船行可八月,到皮宗;船行可二月,到日南、象林界云。黄支之南,有已程不国,汉之译使自此还矣。

汉武帝平定南越后,曾在日南、徐闻、合浦等地派出译使远航至印度,带去黄金、杂缯,换来明珠、琉璃璧(蓝宝石)、奇石等异物。这是中国对外开展"海上丝绸之路"的先导。

"明之为州,实越之东部。观舆地图,则僻在一隅,虽非都会,乃海道辐凑之地。故南则闽广,东则倭人,北则高句丽,商舶往来,物货丰衍。东出定

---

① 段光清:《镜湖自撰年谱》,中华书局,1997 年,第 91—92 页。

海,有蛟门、虎蹲天设之险,亦东南之要会也"①,这是宁波海上丝绸之路繁盛景象的形象描述。宁波的海洋活动最早可追溯到史前的河姆渡时期,当时的河姆渡先民已经开始积极利用海洋。到了公元前5世纪,越王勾践在甬江边建立了句章港,这也是宁波真正意义上的港口。汉代,水晶、玛瑙、琥珀、玻璃等舶来品陆续通过海上丝绸之路输入宁波,宁波海上丝绸之路开始形成。

关于宁波海上丝绸之路历史分期问题,林士民先生等人在一系列的论著中指出,宁波的海外贸易应当发端于东汉晚期,分为四个时期:(1)吸纳开通期(东汉晚期至西晋时期);(2)交融发展期(唐);(3)鼎盛期(宋元);(4)持续发展到吸纳期(明清)。② 龚缨晏教授认为,宁波海上丝绸之路要早于东汉晚期,甚至可以上溯到西汉与东汉之际,可分为以下五个时期:(1)孕育时期(从公元元年前后开始,至737年明州设立之前);(2)形成时期(始于738年唐朝设立明州,终于978年吴越国纳土降宋);(3)兴盛时期(宋元两朝);(4)衰落时期(明朝统治时期);(5)停滞时期(清朝统治时期)。③ 依据相关研究成果,本书将宁波海上丝绸之路发展分为四个阶段。

(一)海上丝绸之路发轫期:东汉时期

东汉末年,南方地区的长江中下游制镜业得到了迅猛发展,出现了两个制镜中心,即会稽郡的山阴(今绍兴市)和江夏郡的武昌(今鄂州市)。吴地铸镜工匠创作出了画像镜和神兽镜这两类新的铜镜。神兽镜以东王父、西王母为神像和龙、虎等兽形为主纹;画像镜除神像和兽形外,还有车马、歌舞、历史人物、传说故事等图像。吴地铸镜工匠从宁波东渡日本传授铸镜技艺,使得日本出现了极富特色的三角缘神兽镜并广泛流行,迄今为止在日本已经发现了至少500枚这类铜镜。这从一个侧面证明,东汉末年至三国时

① 张津:《乾道四明图经》,见浙江省地方志编纂委员会:《宋元浙江方志集成》第7册,杭州出版社,2009年,第2880页。

② 林士民:《浅谈宁波"海上丝绸之路"历史发展与分期》,见宁波"海上丝绸之路"申报世界文化遗产办公室、宁波市文物保护管理所、宁波市文物考古研究所:《宁波与海上丝绸之路》,科学出版社,2006年,第37—47页。

③ 龚缨晏、陆臻杰:《关于宁波古代海上丝绸之路的几个问题》,《宁波大学学报(人文科学版)》2016年第3期。

期的宁波,已发展成为东吴沿海颇具规模的海内外贸易集散地,是吴地东渡日本的理想出海口。

这一时期,舶来品已通过海路传至宁波地区。1998年,宁波鄞县(现鄞州区)高钱村钱大山东汉墓葬中出土了269颗琉璃珠,为一串项链,其中还有一枚胸坠,蓝色透明,小巧精致。这类琉璃珠实际上就是早期的玻璃器,我国在当时还不能制造如此精致纯洁的项珠。据考古分析,这些玻璃装饰品应该是西域胡人通过海路传入的。

三国东吴至西晋时期,宁波先后建有五磊寺、普济寺、天童寺、阿育王寺等寺院,印度佛教从海上传入宁波并落地生根。吴赤乌年间(238—251年),印度高僧那罗延来句章五磊山"结庐修静"。《雍正慈溪县志》载:"五磊寺,吴赤乌间有梵僧那罗延结庐静修,唐文德间僧令頵建,名灵山禅院。"唐时于其地建灵山禅院,宋赐"五磊"额,为浙东名刹之一。1992年版《慈溪县志》记载:"三国吴赤乌年间,印度高僧那罗延来五磊山'结庐修静'。唐时于其地建灵山禅院,宋赐'五磊'额。后历经毁建,为浙东名刹之一。"[1]为纪念这位从海道入五磊的开山祖,在山上建有那罗延尊者塔。吴赤乌二年(239年),东吴太子太傅、都乡侯阚泽,舍句章的住宅(在今宁波市江北区慈城镇慈湖中学内),建普济寺。普济寺为至今文献记载的浙江省最早的寺院之一。

(二)海上丝绸之路发展期:隋唐时期

唐长庆元年(821年)明州迁治三江口,构建州城、兴建港口、置官办船场、修杭甬运河等一系列重大举措,使明州成为我国港口与造船业最发达的地区之一,跻身于四大名港(另外三港为广州港、扬州港、泉州港)之列,也标志着海上丝绸之路的港口城市正式建成。

唐开元年间,随着海外贸易的发展,在广州设立了专门管理海外商舶贸易的市舶使,其主要职责为登记外国商船运载的货物,收纳关税,查禁唐朝不许进口的货物。随后它发展成为专门管理海上对外贸易的机关——市舶司。发现于浙江临海的明万历元年(1573年)李岱墓志铭文,追述了李岱的远祖李素立曾担任过唐明州刺史,又兼管舶务,并经常在台州临海、黄岩、海

---

① 慈溪市地方志编纂委员会:《慈溪县志》,浙江人民出版社,1992年。

门一带港口管理外商的贸易事务。

作为唐代对日本往来的门户,明州港城在唐晚期以后更多地成为日本北九州往返大唐的固定口岸。之所以如此,一个关键的因素就是 9 世纪中叶以来,以明州港为基地的民间海上贸易十分活跃,当时人们把活跃在东亚海上进行贸易的中国商人称作"唐商"。这一时期,作为"唐商"核心的"明州商团"开始登上舞台并扮演重要角色,李邻德、李延孝、张友(支)信等领导的海运商团都是明州著名的海运商团,是东亚贸易中的骨干力量(表 2.1)。

表 2.1 唐日贸易活动典型海运商团

商团船主	记事	资料来源
李邻德	唐会昌二年(842 年)春,从明州启航赴日。日僧惠萼搭乘其船。会昌五年(845 年)返唐 (日本称唐商团)	圆仁《入唐求法巡礼行记》
张友信 (37～45 人)	唐大中元年(847 年)六月二十二日,与元净等 45 人(有的文献记为 37 人),从明州港启航(望海镇)。经顺风三天航行,至六月二十四日达日本肥前值嘉岛那留浦,七日进太宰府。日僧惠萼、惠运、仁好等乘李船归国	《入唐五家传》《安祥寺惠运传》
	咸通三年(862 年)九月三日从日启航,七日达明州港,同行有金文习,任仲元等 60 人。这次入唐,张友信亲自打造大海船并执舵,创造了世界上最快的航速。他也因此成为大唐著名的船舶制造家、航海家	《头陀亲王入唐记略》
	咸通四年(863 年)四月,张友信商帮团又从明州港启航返日。日僧贤贞、惠萼、忠全等随船返日	
李延孝 (43～63 人)	唐大中十二年(858 年)六月八日从明州港启航,六月十九日到日本值嘉岛旻美乐,日僧圆珍搭此船归日本	《智证大师传》
	咸通三年(862 年)七月二十三日,航达日本	《三代实录》
	咸通六年(865 年),由明州港(望海镇)启航,七月二十五日抵达肥前值嘉岛,日僧宗睿搭船返日	《禅林寺僧达传》《三代实录》

资料来源:林士民、沈建国:《万里丝路——宁波与海上丝绸之路》,宁波出版社,2002 年,第 56 页。

日本贵族藤原明衡的日记《新猿乐记》中记载了运往日本的唐朝物品:沉香、麝香、衣比、丁子、甘松、薰陆、青木、龙脑、牛头、鸡舌、白檀、赤木、紫檀、苏芳、陶沙、红雪、紫雪、金益丹、银益丹、紫金膏、巴豆、雄黄、可梨勒、槟椰子、铜黄、绿青、燕脂、空青、朱砂、胡粉、豹虎皮、藤茶碗、笼子、犀牛角、水牛、如意、玛瑙带、琉璃壶、绫、锦、罗……

伴随着明州商团的日趋活跃，以上林湖为中心的越窑产品通过贸易被销往海外，为王公贵族所追捧。唐代中后期，形成了从明州通向海外的陶瓷之路，该路北达高丽，东至日本。南经广州，有两条路线：一条是向东南，通向菲律宾、马来西亚诸国；另一条是向西南，沿海岸至越南达泰国、缅甸，经孟加拉湾，到印度、巴基斯坦，以至直抵波斯湾和地中海沿岸的伊朗、埃及等。陶瓷之路是中世纪中外交往的海上大动脉，是第二条"亚欧大陆桥"。因瓷器的性质不同于丝绸，不宜在陆上运输，故择海路。在这条商路上还有许多商品在流通，如茶叶、香料、金银器、书籍……

宁波不仅将越窑青瓷输出海外，也将越窑青瓷烧制技艺向海外传播。大约在10世纪初，宁波越窑青瓷产区的工匠，来到高丽全罗南道的康津郡，指导并参与砌造龙窑，使朝鲜半岛很快掌握了制瓷技术，生产出了与越窑青瓷文化内涵相近的高丽青瓷。现在，在日本的博多港（博多津）与值嘉岛港还保存了张友信驻地的城堡、祭祀堂、水井、码头等遗址、遗迹。在博多鸿胪馆遗址有遣唐使船舶的泊寄地碑刻、古航塔，以及遣唐使、商旅使用的井和张友信商团打造的大型海船、经营海运活动的遗迹等，在遗址中还出土了大量从明州运去的唐代越窑青瓷和长沙窑彩瓷。

有"佛宗道源"之称的天台山与日本文化的交流始于中日两国交往高潮的唐代，这主要是中国佛教天台宗东传日本。最早在日本弘传天台教义的是唐代高僧鉴真和其弟子——台州开元寺僧思托。唐天宝十三载（754年），鉴真和尚东渡日本，传播佛教。贞元十二年（796年），日本高僧最澄入唐求法，受学《摩诃止观》等天台教义，受大戒，获天台山《法华经》，回国后仿天台山在比睿山兴建与国清寺相似的寺庙，大盛天台宗教义。天台宗在日本广为流传，并尊国清寺为祖庭。自此，日本僧众时来巡拜。

（三）海上丝绸之路鼎盛期：宋元时期

宋代是中国古代市舶司制度最健全的时期，它使万千舟船、各路客商的活动变得井然有序。雍熙四年（987年），政府在杭州设置两浙市舶司，淳化元年（990年）迁至明州，次年又迁回杭州。咸平二年（999年），政府于明州再设一个市舶司,杭州、明州市舶司并存时代由此开始。宋熙宁九年(1076年),神宗令杭州、明州、广州三司共议,并令修改明州和广州市舶条例,这说明了在北宋时"三司"的并列地位。到了元丰八年(1085年),朝廷下令"诸非杭、明、广州而辄发过南海船舶者,以违引论"。宋廷明确规定:"诸非广州市舶司辄发过南蕃纲舶船,非明州市舶司而发过日本、高丽者,以违制论。"①元至元三十年(1293年),元廷下令"并温州舶司入庆元",来往于温州港的海商也需赴庆元办理进出关手续,庆元市舶司管理海域扩大。据《元史》记载,成宗大德三年(1299年),元政府"又并澉浦、上海入庆元市舶提举司,直隶中书省",不但庆元的辖区、权力扩大,而且海外贸易被置于朝廷直接控制下。至此,全国港口设立市舶司的只剩下庆元、广州、泉州三处,庆元又取得了宋两浙路市舶司的地位。

北宋明州孙忠、朱仁聪商团17人,从熙宁五年(1072年)到元丰五年(1082年)的10年中(5年侨居日本),先后6次来往于明州与日本进行海运贸易,明州商人陈亮和台州商人陈维绩与高丽国进行海运贸易。据统计,到北宋末的55年中,明州商团到高丽经商有文献记载的就达120多次;南宋时明州进口货物160余种。明州(庆元)海外贸易之盛居两浙路之首。

政和七年(1117年),宋朝政府在明州创设高丽司,管理与高丽有关事宜,并建高丽使馆,以应使者往来之需。东海之滨的明州,一度成为两国使节往来的唯一港口。高丽使馆是宁波海上丝绸之路的重要文化遗产。宣和五年(1123年),由路允迪、傅墨卿率领的北宋使团,乘坐明州打造的巨型"神舟",出使高丽国,这是两国官方交往中规模最大的一次。宋代明州依靠连通内陆运河和陆路交通、连接长江黄金水道等区位优势,为海外交通贸易发展奠定了良好的基础条件,不仅是中央政府面向东亚的政治交流门户,也是商品经济从内陆向海洋、从区域市场向近海市场扩张的桥头堡。从北宋末到南宋一代,明州港迅速发展成为中国三大海外交通港口之一,成为中国东南的国际大码头。

在宋代,明州与南洋阇婆(爪哇)、占城(越南)、暹罗(泰国)、渤泥(加里曼丹)、三佛齐(苏门答腊)以及大食(阿拉伯)等都有贸易往来。如宋孝宗隆

---

① 苏轼:《东坡奏议》卷八《乞禁商旅过外国状》。

兴元年(1163年),一位长期在明州经商的真里富国商人病死于庆元,"囊赀巨万,吏请没入。王(即赵伯圭)曰:'远人不幸至此,忍因以为利乎?'为具棺敛,属其徒护丧以归。明年,戎酋致谢曰:'吾国贵近亡没,尚籍其家,今见中国仁政,不胜感慕,遂除籍没之例矣。'来者且言,死商之家尽捐所归之资,建三浮屠,绘王像以祈寿。岛夷传闻,无不感悦。至今其国人以琛贡至,犹问王安否"①。

元帝国建立后,元世祖忽必烈曾再三派遣使者诏谕日本来元朝贡,日本自恃与元朝远隔大海,对傲慢的蒙古人根本不加理睬,这使忽必烈十分恼怒,两次出兵东征日本。其中一次是至元十八年(1281年),忽必烈命令元军分东路军和江南军两路向日本进发,而江南军共10万人分乘4000余艘大小战舰,从庆元出发,进攻日本。两次东征中,日本都因遭遇巨大台风而失败。后来,元朝改用怀柔政策,允许与日本贸易,希望使其"慕华自朝"。元代,明州海外贸易交流贸易继续向前发展,经由海上来明州的物品种类繁多。

1976年发现于韩国新安海底的元代沉船,是一艘由庆元港开出,途经朝鲜,前往日本京都东福寺的贸易船。这是迄今发现的元代东亚最大的贸易船。发掘打捞的遗物总共有23502件,是20世纪世界考古史上的一次惊人发现,再次证实元代庆元府是海上丝绸之路的始发港。

(四)海上丝绸之路曲折发展期:明清时期

明初的海禁政策使得沿海居民"寸板不得下海",外商艰于来华经商,港城宁波在明代的海禁中扮演了十分特殊的角色。

明代的勘合贸易,即朝贡贸易,也就是说海外"藩属国"向明廷"进贡"方物,明廷依值给予"赏赐"。因此,"朝贡"本身除含有一定的商业关系外,更为重要的是带有外交上的政治因素。勘合制度开始于明洪武十六年(1383年)。是年,明太祖朱元璋令礼部颁发勘合文册,授予暹罗、占城、真腊等国。规定:凡贡使到明朝,必先验证勘合之真伪,无勘合或使用假勘合者拒绝入贡并予以严惩。根据《明会典》记载,明代共向15个国家或地区颁发过勘

---

① 楼钥:《攻媿集》卷八十六《行状·皇伯祖太师崇宪靖王行状》。

合,分别是:暹罗、占城、日本、爪哇、满剌加、真腊、苏禄国东王、苏禄国西王、苏禄国峒王、柯支、勃泥、锡兰山、古里、苏门答腊、古麻剌。每国勘合两百道,号簿四扇。朝贡勘合是一种长约 80 厘米、宽 35 厘米的证明文件。上面用朱红色墨汁盖上"＊字＊号"的骑缝章,一半为勘合,另一半为底簿。在明朝的勘合贸易制度之下,对入贡者开放的港口主要有三个,即宁波、泉州和广州。《明史》卷八十一《食货志·市舶》载:"明初,东有马市,西有茶市,皆以驭边省戍守费。海外诸国入贡,许附载方物与中国贸易。因设市舶司,置提举官以领之,所以通夷情,抑奸商,俾法禁有所施,因以消其衅隙也。洪武初,设于太仓黄渡,寻罢。复设于宁波、泉州、广州。宁波通日本,泉州通琉球,广州通占城、暹罗、西洋诸国。"宁波港成为接待日本朝贡者的唯一港口。

　　明朝初年,民间的海外贸易活动由于朝廷的严格禁止而濒临绝迹。这种情况到了明朝中期开始发生变化。随着"朝贡贸易"的逐步衰落,海外各国到大明沿海来贸易的"私舶"却不断增加,为海上非官方贸易发展提供了条件。葡萄牙人加斯帕·达·克路士(Gaspar da Cruz)在他的《中国志》中也记载了葡人在宁波的活动:"这些住在中国以外并且自费尔隆(应为西蒙)伯列士·德·安德拉吉犯事以来和葡人一起去的中国人指导葡人开始到宁波(Liampo)作贸易,因为那一带地方没有带墙的城镇和村落,而沿岸有许多穷人的大镇,他们很喜欢葡人,把粮食卖给葡人以便得到收入。在这些城镇中有那些跟葡人一起的中国商人,因为他们为人所知,葡人也以此受到较好的款待,通过他们的安排,当地商人把货物携来卖给葡人。和这些葡人一起的中国人就充当葡人与当地商人的中间人,所以很快获得大利。海岸的小老爷也从这种贸易获得大利,因为他们接受这个和那个的重贿,许人交易,让商人携带和转运货物。"[①]因此,民间的海外贸易随着资本主义的萌芽也发展起来。由于国家明令禁止私人出海贸易,故私人的民间海上贸易,实际上是"非法"的走私贸易。由于中外共同经营,双屿港呈现出前所未有的繁荣景象。葡萄牙海盗门德斯·平托(Mendes Pinto)在游记《亚洲放浪记》中以夸张手法为西方人描绘了一个 1540 年的双屿港:

---

① C. R. 博克舍:《十六世纪中国南部行纪》,何高济译,中华书局,1990 年,第 133 页。

　　我们行驶了 6 天后,来到了双屿门。谓门,实为两个相对的岛屿。距当时葡萄牙人的贸易点三里格(葡萄牙里程单位,1 里格约等于 3 海里)远。那是葡萄牙人建立的在陆地上的村落,房屋逾千,有市政官、巡回法官、镇长及其他六七级的法官和政府官员。那里的书记在公文的最后常常这样写道:本某,双屿城书记官,以我主国王的名义……该城充满自信和骄傲。有些房屋的造价已高达三四千克鲁扎多。

　　……

　　在这两个当地人和在那一带航行的人称之为双屿门的小岛之中有一个海峡,其宽度为两箭之遥,水深在二十至二十五寻(长度单位,主要用于测量水深,1 寻＝6 英尺＝1.8288 米)之间,有数处优良泊口。山头有淡水溪流,穿过茂密的树林直淌而下。林中多雪松、橡树、五针松、海松。船只在此伐取帆桁、桅杆、木板及其他木材,分文不付。

　　……

　　这村落中除了来来往往的船上人员外,有城防司令、王室大法官、法官、市政议员、死者及孤儿总管、度量衡及市场物价监察官、书记官、巡夜官、收税官及我们国中有的各种各样的手艺人,四个公证官和六个法官。每个这样的职务需要花三千克鲁扎多购买,有些价格更高。这里有 300 人同葡萄牙妇女或混血女人结婚。有两所医院,一座仁慈室,它们每年的费用高达 3 万克鲁扎多。市政府的岁入为 6000 克鲁扎多。一般通行的说法是,双屿比印度任何一个葡萄牙人的居留地都更加壮观富裕。在整个亚洲其规模也是最大的。①

正如斯波义信评价的那样,"在 16 世纪,宁波作为一个南方货物地区转运中心的作用变得愈来愈重要了";正是这种变化,使得宁波成为"倭寇攻击的目标和沿海非法贸易的中心"。② 后来明廷派了大批水军,一举把这个走私贸易基地夷为平地。17 世纪时,许多中国商人去日本贸易,大多泊宿于长

---

① 转引自王文洪、俞强、来其等:《西方人眼中的近代舟山》,宁波出版社,2014 年,第 42—43 页。
② 施坚雅:《中华帝国晚期的城市》,叶光庭等译,中华书局,2000 年,第 478—479 页。

崎,"唐人屋敷"①就是在这样的背景下形成的。

明代,日本国海上与明朝互派使节进行外交活动,文化交流仍在继续,其中雪舟、策彦与宁波关系特别密切。雪舟为了探求中国文化真谛,千方百计找机会入明,在日本西海岸整整等了 4 年。明成化三年(1467 年),雪舟作为日本使团成员到访宁波,在天童寺修禅,后升为"天童山第一座"。这位日本"画圣"不但走访了四明大地,创作了以宁波港为题材的许多作品,而且广交徐琏等著名人物。他的足迹在浙东大地留下了深深的印痕。策彦于明嘉靖十八年(1539 年)任日本副使入明,二十年(1541 年)归国;嘉靖二十六年(1547 年)任正使入明,住 3 年后归国。两次到访均由宁波港出入,他与宁波文人交情甚深,关系密切。例如,策彦的《城西联句》,由明州书法家、藏书家丰坊作序,丰坊还为他作《谦斋记》;明代宁波书画家柯雨窗为其作《衣锦荣归图》等。这些作品都成为日本珍宝,目前均为日本妙智院收藏。

清代中晚期海禁废弛后,宁波港海运发达,贸易兴盛。当时舟楫所至,北达山东,南抵福建、广东,并沿长江,将四川、湖北、江西、安徽等地的商品,运集宁波,商人仿效元代海外贸易的做法,重兴海运。② 清代设在宁波的浙海关是当时全国四大海关之一。清廷于康熙二十四年(1685 年)实行开放政策,正式在宁波设立浙海关,时称浙海钞关。从康熙设立宁波海关到乾隆二十二年(1757 年)禁止英国人来浙贸易为止的 70 多年间,宁波海关主要负责对英、对日贸易。法国入华耶稣会士李明(Louis-Daniel le Comte)神父,于 1685 年乘船从法国出发,经暹罗停留后,又至厦门,于 1687 年 7 月 23 日到达宁波。其出版的《中国现势新志》一书,对当时的宁波对外贸易做了以下描述:

> 中国的第 4 个港口叫宁波,位于中国的最东部海岸。这就是我们停泊靠岸的港口。进入该港口十分困难,大船不能进入。因为入口处存在着河洲,即使在大潮时,水深也不会超过 15 古法尺。但那里却从

①　唐人屋敷是日本长崎有名的唐人街,有着与长崎新地中华街类似的起源和地域特征。该街道源于日本闭关锁国的江户时代。

②　林浩:《关于宁波"海上丝绸之路"各个时期特点的探讨》,《东方博物》2005 年第 2 期。

事大规模的交易,中国人从那里出发,可以在很短的时间内到达日本长崎,只有两日的航程。中国人向那里出口丝绸、食糖、药品和烧酒,并从那里运回铜、金和银。①

但值得注意的是,此时正遇到日本德川幕府实行锁国政策,严禁其本国船只出国,对外开放的港口仅限于长崎一港。康熙二十八年(1689 年),日本幕府担心金、银、铜大量外流,限定中国船的总贸易量为白银 6000 贯(1 贯合3.759 千克)。次年,又规定每年只准 70 艘中国商船到日本贸易。到了康熙五十四年(1715 年),日本修改对外贸易,限定去日本的中国商船为 30 艘,贸易额仍为 6000 贯。到了道光十年(1830 年),对日贸易仅限于宁波一个口岸,限船只 10 艘。清代时由宁波销往日本的商品主要有白丝、绉织、纱、南京绫子、锦、金丝布、罗、南京绸,此外还有葛布、毛毡、茶、纸、扇子、笔墨、砚石、瓷器、碗、药、漆、胭脂、方竹、冬笋、南枣、黄精、竹鸡、红花、木犀、附子等。从日本输入宁波的主要商品有铜、金、银等。铜是日本的主要出口品,也是清朝用以铸钱的必需品,"顺治迄嘉道年间,常与通市。江浙设官商额船,每岁赴日本办铜数百万斤。……迨咸丰以来,粤匪滋事,江浙铜商散尽,官本无措。而日本复与西洋各国互市,所产铜斤均经洋商四处购运,即江浙再有官商持照前往,亦无以应"②。随着日本铜产量的减少,日本就以海参、干鲍鱼、鱼翅、海带等海产品来抵补。曾作为日本最主要的传统输出货物的刀剑和硫黄,当时则已经禁止出口了。因此,对宁波来说,此时中日贸易就不可能有更大规模的发展了。

---

① 转引自宁波"海上丝绸之路"申报世界文化遗产办公室、宁波市文物保护管理所、宁波市文物考古研究所:《宁波与海上丝绸之路》,科学出版社,2006 年,第 9 页。

② 李鸿章:《议日本换约》(同治九年十一月二十八日),见王学:《李鸿章全集》(第 7 册),时代文艺出版社,1998 年,第 4051 页。

第三章 宁波海上丝绸之路文化遗产范畴

在长达 2000 多年的历史中,海上丝绸之路在其沿线 10 余个国家留下了不计其数的珍贵文化遗产。这些文化遗产资源丰富、种类多样,既有码头、纤道等航运设施,船坞、作坊等手工业设施,衙署、炮台等管理设施,商号、店铺等商业设施,又有伊斯兰教、摩尼教等各类宗教建筑,更有为数众多的因海运而生、因海运而兴的村镇城邑,以及大量的沉船遗址。它们或与现代城市相互穿插,或位于郊野海岛;它们有的存于地面,有的则埋于地下或藏于水中。这些文化遗产都是海上丝绸之路兴衰历史的真实见证,是沿线各地民众宝贵的历史记忆和精神家园。在努力弘扬古代海上丝绸之路精神、充分彰显大国海洋经略智慧的现代化进程中,需要不断积淀海上丝绸之路文化底蕴,使之成为推动海洋文化事业发展、海洋强国建设的强大力量。

一、宁波海上丝绸之路文化内涵

宁波是中国海上丝绸之路历史、文化发展的主要区域,丰富的海上丝绸之路遗存、遗迹和传统工艺反映了宁波壮阔的历史和深厚的文化积淀。

"羽人竞渡"纹铜钺于 1975 年在鄞县云龙镇甲村石秃山一座春秋墓中出土。铜钺呈金黄色,高 9.8 厘米,刃宽 12.1 厘米,锋利如新。器身一面光洁没有纹饰,另一面沿器身四周铸刻了一个"风"字形边框,上方刻了两条竖立的龙,双龙昂首相对,前肢弯曲,尾向内卷,下方以弧形边框线表示舟船,舟上坐着的四个人排成一行,四个人都戴着高高的羽毛头冠,双手持桨奋力划船,头冠上的羽毛迎风飘扬,让人联想到船在飞速航行。正因为这件铜钺上有四个头戴羽毛的人奋力划船的纹饰,所以宁波文物工作者把它取名为"羽人竞渡"纹铜钺。有"羽人竞渡"纹饰的文物目前在全国仅此一件,非常珍贵。

"羽人竞渡"纹铜钺集中反映了宁波地域文化的内涵:宁波先民属于"越"民族,宁波在春秋时已经有代表王权的统治者,宁波人自古勤劳勇敢,崇拜鸟,地处水乡泽国的古代宁波人善于造舟驾船。"羽人竞渡"充分证明了古代宁波越人水上活动的状况,也充分体现了奋力拼搏、开拓创新的海上丝绸之路精神。因此,"羽人竞渡"纹铜钺,既是宁波海上丝绸之路的标志性文物,也是宁波先进文化的见证,更反映了宁波先民龙腾虎跃、劈波飞渡、奋发进取的精神,可以说是宁波人的精神象征文物。[1] 宁波作为国家历史文化名城,经历了从渡口(河姆渡)—溪口(小溪镇)—江口(姚江、奉化江、甬江三江口)—海口(东海)的城市发展史。从河姆渡的独木舟到宋时出使高丽的万斛神舟,再到现代宁波帮的万吨巨轮,宁波人正像"羽人"一样,在生生不息地"竞渡",向世人昭示着一种开放的胸襟和探索奋进的勇气。

海上丝绸之路,是指古代中国与世界其他地区进行经济文化交流交往的海上商业贸易通道。从历史上看,丝绸原产于中国 5000 多年前的黄河流域,在西周及春秋战国时期,几乎所有的地方都能生产丝绸,因而丝绸是中国历史上海外贸易最早输出的工业品。从秦汉一直到隋唐时期,中国海外贸易的主要商品只是丝绸,所以,人们才把连接东西方贸易的通道叫作"丝绸之路"。但是,贸易产品并非丝绸一种,不同历史时期的主导贸易产品不同。综合宁波地方史料,宁波海上丝绸之路文化内涵主要表征为以下方面。

(一)宁波海上商贸之路

自唐代始,借助优越的地理位置,凭借成熟的航海、造船等技术,明州成

---

[1]　涂师平:《羽人竞渡》,宁波出版社,2014年,第104页。

为东亚贸易圈南路的核心港口。

唐朝,以大唐、新罗、日本三国为主体,"朝贡贸易"与"商团贸易"并行,形成了东亚贸易圈,明州港与莞岛港(清海镇)、博多港(博多津)成为这一贸易圈中的三大港口,以新罗张保皋商团和明州李邻德、李延孝、张友信等海运商团为主,沟通三国贸易。北宋时期,明州商团到高丽经商有文献记载的就达 120 多次。南宋时,居住在日本博多津的明州籍俗民丁渊、张宁等为故里做善事而立下石刻功德碑。康熙二十三年(1684 年)开海禁,自宁波开往日本长崎港(日本唯一对外贸易港)的船舶为数甚众,仅康熙二十七年(1688 年)就达 37 艘,占全部中国船只的 19%,并留下了信牌、唐船方日记等大量记载宁波商船活动及货物详情的实物。

(二)宁波海上丝绸之路

宁波自古就盛产丝绸,其丝织品及丝织技术闻名海内外,是对外贸易的重要商品。隋唐时期,日本留学生和遣唐使带回了大量的丝织品。唐永贞元年(805 年),被赐的物品仅绢就达 1350 匹。在镰仓时代(1192—1333 年),从中国传入的丝织技术就在博多盛行,被称为"博多织"。这种"博多织"的纺织法,据说是由随同东福寺僧人元尔一同入宋的弥左右卫门带回日本的。中国的织物技法、染色技术对高丽也有较大的影响,促进了高丽纺织业的发展。徐兢《宣和奉使高丽图经》卷十九《工技》载:高丽织造的丝织品"毛织布"的原料主要从中国进口,"其丝线织纴,皆仰贾人自山东、闽、浙来",然后加工成"文罗化绫、紧丝锦罽"等丝织品;中国的丝织品"五色绢"在高丽是广受欢迎的畅销商品。

(三)宁波海上瓷器之路

举世闻名的越窑青瓷,不仅是宁波对外贸易的大宗商品,更是宁波与日、韩开展文化交流的重要载体。白寿彝曾指出:"浙江是我国瓷器的发源地和主产区之一。其中烧造最早、产品数量最多、质量好而最负盛名的是越窑青瓷。浙东的上虞、宁波和浙南的永嘉等地,都发现了东汉中晚期的越窑窑址。"[1]9—14 世纪,明州的越窑青瓷制作工匠、技术及大量成品等传入朝

---

① 白寿彝:《中国通史》(第 7 卷),上海人民出版社,1999 年,第 81 页。

鲜半岛。现存韩国康津等地的窑场,其窑炉结构、烧制工艺,乃至瓷器造型、纹饰等,均受到越窑的诸多影响。在日本博多港大宰府遗址及鸿胪馆遗址出土了唐代、五代由明州上林湖、东钱湖烧制的越窑青瓷。在高丽木浦港附近沉没的元代庆元(宁波)起航贸易船(系元代东亚最大商贸船,韩国曾于20世纪70年代组织水下打捞发掘)出土的器物与品种之盛,为世界考古史上的奇迹,其中铸有"庆元路"铭文的铜权、"使司帅府(即元代浙东道宣慰使司帅府)公用"铭文器,是庆元府官署衙门公用器物,由龙泉窑定烧。

(四)宁波海上茶叶之路

明州是我国最早的原始茶产地之一。西汉时,四明山中有大茗,时以鲜叶晒干成茶,有绿色珍珠之称。唐宋时,明州天童寺、阿育王寺、金峨寺等俱为一时名寺,坐禅饮茶之风极盛。唐中叶,日僧最澄自天台山经明州携茶籽返日,成为茶禅入日始祖。绍熙二年(1191年),日僧荣西从浙东带茶籽种植于日本背振山,并著《吃茶养生记》上下两卷,将中国饮茶风习与方法介绍到日本。荣西被尊为日本的茶祖。日僧道元在天童寺学得茶禅清规,后在日本永平寺创立《永平清规》。[①] 值得一提的是,唐宋以来,在明州与日本、高丽等东亚各国的对外贸易中,茶叶始终是大宗商品。[②]

(五)宁波海上佛教文化之路

中国高僧鉴真于8世纪中叶在第三次东渡日本受挫后,曾挂锡明州阿育王寺传教讲学。抵日后,在奈良建造唐招提寺弘扬律宗,成为明州与日本佛教渊源之肇始。唐招提寺于1998年被列入世界文化遗产。唐贞元二十年(804年),日僧最澄入明州赴天台山求法,归国前在明州开元寺(天宁寺)受戒。两年后,最澄在比睿山创立日本天台宗,其中大本山延历寺于1994年被列入世界文化遗产。乾道四年(1168年),日本高僧荣西到访明州,参谒天童寺、阿育王寺诸禅宗名刹。淳熙十四年(1187年),荣西再度入宋,随释虚庵怀敞潜身悟法并居天童寺。归日后,创立日本临济宗。建仁寺为日本临济宗建仁寺派大本山,列京都五山之第三。建长寺为日本临济宗建长寺

---

① 许勤彪:《宁波历史文化二十六讲》,宁波出版社,2005年,第73—90页。

② 祝永良:《宋韵流淌:看鄞地文化如何在他国生根绽放》,《鄞州日报》2021年10月15日。

派大本山(正式名称为建长兴国禅寺),列镰仓五山之第一。宋高僧兰溪道隆为其开山,后有无学祖元、一山一宁、明极楚俊等多位自明州天童寺等赴日禅僧继任住持。嘉定十六年(1223 年),道元禅师入宋求法,师从明州天童寺长翁如净并得印可,回国后创立日本曹洞宗。永平寺系道元遵如净遗嘱创建,为日本曹洞宗大本山,道元遂成为完成从中国禅到日本禅转变的著名禅僧。圆觉寺为日本临济宗圆觉派大本山,于至元十九年(1282 年)由赴日传禅、曾任天童寺首座的鄞县人无学祖元开创。

宁波也是中国与朝鲜半岛佛教交往的重要通道。佛教从中国东传到朝鲜半岛,始于公元 4 世纪初。从那时起到 14 世纪末的 1000 余年时间里,前来中国求法取经的朝鲜半岛僧人难以计数,仅有史可查的就有 265 人:唐时新罗僧伽智禅师与忠彦禅师入华求法,师事明州大梅山法常禅师;光化三年(900 年),新罗僧竟让入华,登天台山,遍访禅窟;天祐三年(906 年),元晖入华登天台山,云游参访后从四明归国……

(六)宁波海上绘画之路

自宋至明,明州的浙派山水及明州画风对日本颇有影响,"海上绘画之路"因之而成。元代,由庆元车轿、石板巷一带职业画师绘制的佛画大量舶载入日,在日本广为流传,现存精者颇多。宋元时期由日僧通过明州(庆元)携入的"佛师顶相画"和山水画对日本镰仓时代的肖像画与水墨画影响甚深,其中现存日本的《送海东上人归国图》和《策彦归朝图》等均与宁波关系密切。明代日本水墨画一代宗师雪舟,素享"天童第一座"尊称,他的作品如《育王山图》《宁波府图》《唐土胜景图》等均以宁波山水为题材。

(七)宁波海上雕刻工艺之路

宁波雕刻工艺源远流长,经久不衰,自唐宋以来经海路传至日本,影响深远。以陈和卿、伊行末等为代表的明州匠师东渡,将雕刻艺术传入日本。淳熙十二年(1185 年)由明州陈和卿修复的京都东大寺大佛,现为日本国宝。位于日本神奈川县镰仓市高德院的日本第二大佛——阿弥陀如来生像(铜铸),为淳祐十二年(1252 年)由南宋工匠承袭明州陈和卿传入铸造技术雕刻而成。明州人伊行末等建造的东大寺南大门石狮子,分东、西方雌雄两座,矗立于南大门北侧分别高 1.80 米、1.60 米,雕刻工匠技艺精湛。伊行末去世后,其后裔继续留在日本,他们活跃在日本关东、箱根、镰仓一带,传承后裔达八代,在日本留下的有确切记载的石雕达30余处,形成了个性鲜明的伊氏石刻流派,该流派成为日本石刻工艺史上赫赫有名的"伊派"。

(八)宁波海上书籍之路

宁波刻书业的繁盛也使得一大批"明州刻本"流传海外。宋元的刻本在东亚被视为极其珍贵的善本,其中又以浙江所出的"浙本"为佳,明州本又是"浙本"中的上佳品。明清以来,宁波港时开时禁,私人贸易更加活跃,出现了"宁波书舶",带动了前所未有的文化交流,尤其是在文学艺术作品、小说唱本和地方文献的流通方面最为突出。

(九)宁波海上思想学说之路

南宋鄞州著名学者王应麟(1223—1296年)所著《三字经》最早于13世纪末通过海上丝绸之路由鄞地传入日本。日本永和三年(1377年)出版的儿童启蒙读物《童子教》中"苏秦为学文,锥刺股不眠。俊敬为学文,头悬梁不眠。车胤好夜学,聚萤为灯矣。宣士好夜学,积雪为灯矣。此等人者皆,昼夜好学文"等文字与《三字经》中"头悬梁,锥刺股。彼不教,自勤苦。如囊萤,如映雪。家虽贫,学不辍"等字句十分接近。如今在日本,越来越多的大学开始采用《三字经》作为学习中文及中国历史的重要教材。顺治十六年(1659年),余姚人朱舜水流寓日本,将中国的礼制、建筑、农事、园林等传播至日本并付诸实践,其儒家思想学说在日本影响深远。朱氏被奉为思想学术界之翘楚。由朱舜水参与设计,现存于东京小石川的后乐园,汇集中国园林艺术之精华,被日本确定为特别古迹和特别名胜。韩国著名历史学家全海宗在《韩国与中国》一文中指出:"给韩国影响最大的中国文化是儒教文化(儒学,政治制度——包括科举制度和教育制度、生活伦理)和通过中国传来的佛教。韩国从不摆脱中国文化的影响。高丽王朝时接受了宋代朱子学,它后来成为韩国的政治、经济、道德之基本准则。在韩国国家发展过程中,此中国文化的根底始终无重大变质。"[1]

---

[1]　转引自宁波"海上丝绸之路"申报世界文化遗产办公室、宁波市文物保护管理所、宁波市文物考古研究所:《宁波与海上丝绸之路》,科学出版社,2006年,第57页。

二、宁波海上丝绸之路文化遗产类别

2010 年 12 月 10 日，由中国文物学会、浙江省文物局、政协宁波市委员会等单位主办的"大运河与海上丝绸之路"宁波论坛确认陆上丝绸之路的起点由西安延伸至古都洛阳，中国大运河的终点由杭州延伸至东方海上丝绸之路核心城市之一——宁波。宁波是中国大运河最南端的出海口，连接海上丝绸之路的起点，是两条文化线路的交汇点。由此，人们找到了陆上丝绸之路、大运河、海上丝绸之路三条文化线路贯通的脉络和节点，宁波被定位为大运河出海口地段城市。中国大运河中的浙东运河（宁波段）是推动宁波城市发展的一条重要运输动脉。它西起杭州市萧山的西兴，连通钱塘江，途经钱清、柯桥、绍兴、上虞，在宁波余姚汇入姚江，此后沿自然水道经过宁波三江口，在镇海口汇入东海。浙东运河最早可上溯至春秋晚期越国开凿的"山阴古水道"。根据历史文献记载，这条古运河从绍兴东郭一直延伸到曹娥江旁，全长 20 余千米。在此基础上，晋代人沟通了姚江与萧绍平原河道的联系，使它的功能得到进一步发挥。历史上，浙东运河曾经承担了重要的漕运功能。南宋时，福建漕粮经由海路运往明州，再经浙东运河运往都城临安。南宋时日本、越南、高丽等地的产品从浙东运河输往临安，海外各国使节也多从明州登陆，再经运河前往内地。元代实行漕粮海运，各地漕粮通过浙东运河出海抵达大都。

2013 年 1 月底，中国大运河联合申遗文本正式提交联合国教科文组织世界遗产中心。在中国大运河申遗文本名单中，包括大运河河道遗产 27段，以及运河水工遗存、运河附属遗存等运河相关遗产共计 58 处。其中，宁波市列入正式文本的为"二段一点"。第一段为浙东运河上虞—余姚段中的余姚部分，从五夫升船机至曹墅桥，始建于宋代，是利用当地的湖泊沼泽经人工整理后形成的运河。第二段为浙江运河宁波段，从余姚丈亭三江口经慈城，向南抵小西坝，总长约 23 千米。"二段一点"中的"点"，即宁波三江口（含庆安会馆），这是大运河连接海上丝绸之路的连接点。自古以来，宁波始终是一个优良的对外开放港口。特别是在唐代，"海外杂国，贾船交至"，明州与扬州、广州并列为我国三大主要贸易港。清末时,宁波更是五口通商口岸之一。宁波三江口和庆安会馆入选的理由是:浙东运河在宋代全线贯通后,到达宁波的内河航船,一般从三江口换乘海船经甬江出海;同样,东来的海船,在宁波三江口驻泊后,改乘内河船,经浙东运河至杭州,与大运河对接。其中,宁波庆安会馆更有着特殊的历史文化地位,它是浙东运河沿线自然兴起的商业设施,反映了大运河沿线因运河而繁荣发展的工商业情况,代表了大运河的衍生影响。

(一)港口码头

港口码头是海上丝绸之路形成的先决条件。历史上,宁波的港口曾经有过五次大的变迁:句章港的出现,距离河姆渡时代已经有了4500多年;从句章港到三江口江厦一带,经过约1200年,港址东进了19千米;而从三江口的江厦到江北岸,推进相对缓慢,历时1100年,仅仅前进了0.5千米;再从江北岸到镇海新港区,只用了不到110年的时间,就前进了19千米;其后,港口进入了一个空前高速的发展时期,从镇海口到北仑港区,仅用5年时间,推前了14千米。宁波港口发展的历史,实际上就是宁波海上丝绸之路发展的历史,而丰富的遗存是其各个不同发展阶段的重要标志。

1.河姆渡遗址

在我国海洋文化中,传播范围最广、影响最大的有两大文化系统:一是北方滨海地区的龙山文化;二是南方滨海地区的百越文化。龙山文化以古登州为主要起点,跨越渤海,传播至辽东半岛、朝鲜半岛和日本列岛。百越文化以河姆渡文化为母系,形成了覆盖现浙江、福建、广东等地的百越文化,并跨越广袤的太平洋影响菲律宾乃至太平洋众多岛屿的文明进程,它不仅代表了长江流域的文化起源,也展现了华夏大地海洋活动的曙光。可以说,河姆渡文化是海上丝绸之路的萌芽。

据《越绝书》卷十记载,百越先民"以船为车,以楫为马,往若飘风,去则难从"。7000年前,河姆渡先民已经开始走向海洋,开始了对海洋的探索。在河姆渡遗址出土了完整的陶舟和六支木桨,以及一只独木舟的残骸。出土的"夹炭黑陶舟"为半月形,两头尖,呈梭状,可以说基本上保持了后世出土的独木舟的形状,应该是当时现实生活中所造独木舟的写照。而出土的尖圆形的独木舟残骸,中间挖空、横断面呈弧形、一端收敛。与独木舟相对应的则是有段石锛。有段石锛是新石器时代专用于独木舟制造的先进生产工具,是河姆渡文化的典型器。有段石锛的出土表明了河姆渡先民开始用这一工具制作海上活动的工具。更为重要的是,以河姆渡为源头的有段石锛还进一步向外传播,并逐步传播到浙江沿海、舟山群岛、台湾,再传播到日本群岛乃至遥远的太平洋岛屿。有专家认为,这是河姆渡文化通过赤道逆流的漂航向海外扩散的物证。

有了有段石锛及其产物独木舟的支持,河姆渡人初步掌握了驾驭水的能力,并勇敢地借助舟楫涉足海上,向海洋索取生活资料。河姆渡遗址中曾发现大量来自海洋的诸如鲸鱼、鲨鱼等大型鱼类的鱼骨。在冒险开拓的海洋精神激励下,河姆渡人的稻作文化、制陶文化、建筑文化等诸多首创也借助海洋实现了对外传播。考古学家安志敏先生指出:"以河姆渡及后续者为代表的长江中下游新石器文化的若干因素,影响到史前日本。如绳文时代玉玦、漆器以及稻作的萌芽,弥生时代及其以后的干栏式建筑,都可从长江下游找到渊源关系。河姆渡遗址发现的木桨和陶船模型,同时沿海的舟山群岛也有同类遗址的分布,至少证实当时具有一定的航海能力。特别是结合绳文时代的玉玦、漆器和稻作萌芽,似乎已与长江下游的新石器文化有所联系。"①

河姆渡遗址中发现的独木舟、有段石锛、稻谷等诸多实物已经充分反映了宁波沿海先民的海上活动情况。虽然这些海上活动不是完全意义上的以海上贸易和海上人员往来为目的的活动,但蕴含了创新、开拓、团结等诸多内在的"海上丝绸之路精神"。这一精神深深地烙印在甬城大地上,代代相传。

2.句章港

秦汉至六朝的 800 余年中,句章作为海上交通和军事行动的出入港口屡见于史册。《浙江通志》卷七《建置·鄞县》"句章辩证"条援引唐代张守节《史记正义》云:"句章故城在鄮县西一百里。"同书又云:"句章在慈溪城

---

① 安志敏:《长江下游史前文化对海东的影响》,《考古》1984 年第 5 期。

山渡。"①

越人习于航海,视汪洋如平地。《越绝书》说:"……水行山处,以舟为车,以楫为马,往若飘风,去则难从。"到了商、西周时期,用青铜制成的工具为造船提供了条件,造船技术从独木舟进入木板船时代。《竹书纪年》称:"成王时于越献舟。"周成王在位时约为公元前11世纪,那时,贯通南北的大运河还没有开凿,所贡的舟船势必取道海路,从现在的浙东沿海出发,沿海岸北航,然后溯河而上,抵达周都。可见在周代,越人的航海活动已相当活跃。此外,从淮、济一带的河间海口也时有人乘船至越。所以《慎子》说:"行海者,坐而至越,有舟也。"

春秋战国时期,随着浙东地区经济的开发和技术的进步,甬江流域出现了最早的港口——句章港。吴王夫差二年(前494年),吴攻越,越败,勾践被俘。3年后,吴王夫差释勾践回国,越国成为吴的属国。《国语·越语》说:"勾践之地,南至于句无,北至于御儿,东至于鄞,西至于姑蔑,广运百里。"这是甬江流域名"鄞"的最早文献记录。此后,越国加紧发展生产,训练士卒,打造"舸舰",建设水师。当时,齐国、吴国等水运发达的国家都已建立了水师,成为作战中的重要兵种。同时,随着冶铁技术的兴起,铁器工具的应用,造船技术又有了新的发展。这给越国造船建设水师提供了更有利的条件。越国在经过"十年生聚"之后,终于建立起一支拥有300多只战船的水师。

周敬王三十八年(前482年),正当吴王夫差率大军北上争做盟主时,越军乘隙攻入吴都,越水师自海道入淮,断了吴军的归路。周元王三年(前473年),勾践灭吴后,为发展水师,增辟通海门户,遂在其东疆勾余之地开拓建城,命城名为句章,是为句章古港之始。这是甬江流域最早出现的港口。周贞定王元年(前468年),勾践率"死士八千,戈船三百"自会稽经海道北上琅玡,欲扬威海上,图谋霸业。勾践之开辟句章港实出于政治、军事上的需要,以加强都城与内越及外越之间的联系。

秦始皇统一六国后,将大越地方的人民强迫迁徙到江、淮、徐、泗各地,又把全国罪犯囚徒迁到大越,并将大越更名为山阴,以防备东海外越。这项措施主要是鉴于"百越叛去",对沿海内越逃到海岛外越之地的人图谋反攻

---

① 转引自郑绍昌:《宁波港史》,人民交通出版社,1989年,第11—16页。

所做的防范。越民为逃避迫迁江北,有的驾船从海上南下,直至闽、广、台、澎。这次人为的大迁徙使越国故地的生产力遭受了一次大破坏,但同时又是越人沿海岸南行至南海海域的一次较大规模的航海活动。秦始皇二十五年(前222年)至二十六年(前221年),甬江流域置句章、鄞、鄮三县,隶属于会稽郡。三县以甬江为界,县治分别设在句章、白杜(今奉化区白杜)、同谷(今鄞州区宝幢附近)。

汉武帝时,朝廷为了征服百越和控制海上交通线,派庄助和朱买臣等建立海上武装。闽越出兵进攻东瓯,武帝派庄助从会稽发兵航海救东瓯。西汉元鼎六年(前111年)秋,东越王余善反叛朝廷。据《史记·东越列传》载,武帝派横海将军韩说率领军队,从句章乘船出海,于次年冬攻入东越。这是见诸史籍的最早的一次从句章出海的大规模海上军事行动。《后汉书·孝顺帝纪》记载:东汉顺帝阳嘉元年(132年),"海贼曾旌等寇会稽,杀句章、鄞、鄮三县长,攻会稽东部都尉。诏缘海县各屯兵戍"。句章实为会稽的海上门户。

三国时,吴据长江以南,句章是其重要港口之一,故派有水军驻守。晋安帝隆安三年(399年)九月,孙恩率部乘船自海道南下浙东沿海,入大浃口(镇海口),溯甬江而上,攻下句章。又经余姚、上虞,占领会稽城,自号征东将军。晋帝命刘牢之讨伐孙恩,参军都护刘钟自余姚进兵夹击句章。孙恩军受挫,率众撤往舟山群岛。孙恩撤军后,刘牢之命刘裕守句章。隆安四年(400年)二月,孙恩率舟师自海道复入浃口,屡攻句章,均遭到刘裕军的阻击。关内侯虞邱进随刘裕屯兵句章,城被围数十日。之后,刘牢之率大军来援,孙恩始退还海上。由此可以看出,三国两晋时期,句章至各地的海上航路已北至渤海湾,南及台湾、海南岛、交趾(今越南北部)。所以,晋人陆云在《答车茂安书》中称当时处于甬江口的鄮县是:"县去郡治,不出三日,直东而出,水陆并通。西有大湖,广纵千顷,北有名山,南有林泽,东临巨海,往往无涯,泛船长驱,一举千里。北接青徐,东洞交广,海物惟错,不可称名。"

西晋末年,中原大乱,北方士民为避战乱纷纷南迁。他们有的来到甬江流域,给当地带来了先进的生产技术,并开始在河流入江处修筑堰坝,以提高河渠水位,从而使这一地区的农业经济得到较快的发展,人口也随之增加。到东晋时,会稽郡所属10个县,人口已增加至35万人,每县平均为3.5

万人,而且还不包括"豪强藏户"在内。南朝宋大明年间(457—464年),句章整修了汉时旧堰,灌田200顷,并且迁移山阴贫民到鄞、鄮、余姚三县来开垦湖田。齐、梁之间(500年前后),句章又兴修了罂脰湖(广德湖前身)。由于耕作技术的改进、劳动力的增加、水利条件的改善,甬江流域出现了"举锸成云,下钯成雨。既浸既润,随时代序。官无逋滞之征,民无饥乏之虑。衣食常充,仓库恒实。荣辱既明,礼节甚备。为君甚简,为臣亦易"(《晋书》引陆云《答车茂安书》)的新景象。6世纪后,随着港址的迁移,句章港逐渐废圮了。

句章作为宁波古港,不仅是千里水道贯通的主要枢纽、中外物资交流的集散地,也是水师军事要塞,是当时我国的重要军港之一。[①] 句章古港自建立至废止,先后经历周、秦、汉、晋诸代,时间跨度达800多年,是"甬江流域出现最早的港口""越国的通海门户""中国最古老的海港之一"。

3. 明州(庆元)港

明州(庆元)港是宁波商人远航的起泊地,是内河文明走向海洋文明的重要节点。

自唐长庆元年(821年)明州州治迁至三江口开始,渔浦门至东渡门外沿三江口一带便陆续建起了驳岸码头。北宋建立时,明州港呈现繁荣景象。北宋政府为了加强对明州港的管理,于咸平二年(999年)在明州正式设置市舶司。市舶司下设市舶库、海运码头、高丽使馆和波斯馆等。市舶司的主要任务是"抽解""抽买""禁榷"等。因此外国商船到达港口时,必须立即向市舶司报告,由其派员上船检查。南宋时期,政府为了解决财政上的重重困难,在外交上采取开放政策,明州(庆元)的江厦码头风樯林立。据《乾道四明志》记载,当时的明州港,"南则闽广,东则倭人,北则高丽,商舶往来,物资丰衍",从海外进口的货物已达160余种。明州(庆元)港成为全国四大港口之一,码头范围延伸至灵桥门一带,形成江厦码头与甬东司道头。东渡门一带的码头是明州最重要的码头。

元代推行比南宋更开放的外贸政策,如允许外国商人"往来互市,各从

①　王万盈:《宁波港口演变与港口文化探赜》,《中国港口》2012年第9期。

所欲"①,免除舶商(本国从事外贸的商人)家属差役,等等。庆元港凭借独特的条件得以快速发展。元政府将温州、上海、澉浦三处市舶司并入庆元市舶司,并将庆元市舶司升为直接隶属于中央的中书省之机构。基于此,庆元港的海外贸易非常繁荣,与东南亚、西亚、地中海和非洲等进行海外经贸交流。据《至正四明续志》记载,元朝时庆元港进口的货物达 220 余种,远远超过宋朝的规模。庆元港与泉州港、广州港并称元朝三大对外贸易港。元代学者、诗人张翥《送黄中玉之庆元市舶》记载了庆元港繁荣的景象:"是邦控岛夷,走集聚商舸。珠香杂犀象,税入何其多。"

1976 年发现的韩国新安(木浦)海域的元代沉船,是一艘由庆元港开出,前往朝鲜、日本的贸易商船。船上所载货物,仅浙江龙泉生产的外销瓷器就有 1 万多件。沉船与大量遗物的出水是 20 世纪世界考古史上的一次惊人发现,再次证实元代庆元港是海上丝绸之路的始发港。

(二)海上丝绸之路航线②

海上丝绸之路主要有东海航线和南海航线,东海航线主要是前往日本列岛和朝鲜半岛,南海航线主要是前往东南亚及印度洋地区。宋《宝庆四明志》卷六《市舶》记载,宋时明州(庆元)港对外通商可分为四条航线:一是高句丽国;二是日本;三是海南、占城、西平、泉州和广州;四是外化蕃船。

1. 近海(境内)航线

近海航线分为南、北洋航线。南洋航线指的是从明州(庆元)港出发前往台州、温州、福州、泉州、广州、海南等中国南部沿海港口的线路。宋代王明清《挥麈前录》卷四载:"大中祥符九年,奉召按察岭外。尝经合浦郡(廉州),沿南溟而东过海康(雷州),历陵水(化州),涉恩平(恩州),往南海(广州),迤由龙川(惠州)抵潮阳(潮州),洎出守会稽,移莅句章。是以上诸郡,皆沿海滨。"

宋元时期,明州(庆元)与福建、广州等地的商贸活动比较频繁。在明州(庆元)港进口的货物中,就有很多是从海南、泉州、广州等地运来或转运而

---

① 《元史》卷十《世祖纪》。
② 本部分内容参考了王瑞成、孔伟:《宁波城市史》,宁波出版社,2010 年,第 35—43 页。

来的。据《至正四明续志》卷五《土产·器用》记载，"生铁出闽广，船贩常至，冶而器用"。《至正四明续志》卷六《赋役·市舶》中有"本司每遇客商于泉、广等处兴贩，已经抽舶物货，三十分取一"的记载。

北洋航线指的是从明州（庆元）港出发前往苏州、扬州、登州、蓬莱，甚至到渤海湾等地的线路。北宋时期，在北方还开辟了自长江口进入江淮直至荆、襄的航线。南宋时期，从明州出海，经昌国（舟山），走东海沿岸航线北上，入长江口，沿江到扬州，溯长江、湘江到长沙。相对应地，当时从北方抵达杭州湾的海上航线也有两条：一是"抛大洋至洋山、二孤、宜山、猎港、岑江，直至定海县，此海道一也，系浙东路"；二是"自通州，南沙、北沙转入东签、料角、黄牛垛头放洋至洋山，即今天的洋山港，沿海岸南来至青龙港，又沿海岸转徘徊头至金山入海盐县、澉浦镇、黄头湾直至临安府江岸，此海道二也，系浙西路"。[①] 走沿海航线，虽然免于由浙东运河经临安转大运河或其他航道的舟车劳顿，但是遇到台风或触礁之类的风险随之增大。

总体来看，南、北洋航线属于近海航线，随着南、北洋航线的发展，南、北方的货物在明州（庆元）得以周转，这为明州（庆元）成为南北货物集散地奠定了基础。而南、北洋航线的发展又为日后宁波历史上南、北号商帮的诞生提供了基础与可能。

2. 日本航线

地质学研究表明，"在旧石器时代，日本列岛与亚洲大陆是相连的，到了第四纪冰川期结束后，日本列岛与中国大陆被海洋隔开"[②]。

宋人张津《乾道四明图经》卷一《总叙·分野》载："明之为州，实越之东部。观舆地图，则僻在一隅，虽非都会，乃海道辐凑之地。故南则闽广，东则倭人，北则高句丽，商舶往来，物货丰衍。东出定海，有蛟门、虎蹲天设之险，亦东南之要会也。"从这则史料可以看出明州（庆元）在对日交往上有着地理位置上的优越性。《后汉书》卷八十五《东夷列传·倭》记载：

> 倭在韩东南大海中，依山岛为居，凡百余国。自武帝灭朝鲜，使驿

---

① 王青松：《南宋海防初探》，《中国边疆史地研究》2004 年第 3 期。
② 周达章：《宁波海丝文化》，宁波出版社，2017 年，第 52 页。

通于汉者三十许国,国皆称王,世世传统。其大倭王居邪马台国。乐浪郡徼,去其国万二千里,去其西北界拘邪韩国七千余里。其地大较在会稽东冶之东,与朱崖、儋耳相近,故其法俗多同。土宜禾稻、麻纻、蚕桑,知织绩为缣布。出白珠、青玉。其山有丹土。……建武中元二年,倭奴国奉贡朝贺,使人自称大夫,倭国之极南界也。光武赐以印绶。安帝永初元年,倭国王帅升等献生口百六十人,愿请见。……会稽海外有东鳀人,分为二十余国。又有夷洲及澶洲。传言秦始皇遣方士徐福将童男女数千人入海,求蓬莱神仙不得,徐福畏诛不敢还,遂止此洲,世世相承,有数万家。人民时至会稽市。会稽东冶县人有入海行遭风,流移至澶洲者。所在绝远,不可往来。

这段记载表明,早在汉武帝时,我国与日本诸国已经有了比较密切的往来,对日本的地理、风俗、特产等有了详细的了解。这些信息的获取,无疑来自密切的海上商贸航路的交往。

事实上,宁波与日本的交往由来已久。有学者推测,可能在日本绳文前期就曾有河姆渡先民漂流到日本。经过之后漫长时间的交往,到了宋元时期,明州(庆元)与日本之间已形成了一条比较固定的交通线路。据《新唐书》卷四十三记载,明州港的北上出海航线是由明州至登州,然后从登州海口出发,经大榭岛(长山岛)、龟歆岛(驼帆岛)、末岛(大小歆岛)、乌湖岛(南城皇岛)、马石岛(老铁山)、都里镇(旅顺市附近)、清泥浦(大连湾)、桃花浦、杏花浦、石人汪(石城岛)、橐驼湾(鹿岛以北的大洋河口),达乌骨城(安东市)。日本学者藤家礼之助在《日中交流两千年》中论述的唐宋时期中日、中朝东海海上航路大致有北路、南路和南岛路三条,其中对北路的中国境内路线的考证是比较清晰的,即"江南运河—临安—平江(苏州)—润州(镇江)—扬州—楚州(淮安)—汴州(开封)—曹州(菏泽)—兖州—青州(益都)—莱州—登州—朝鲜—日本"。稍后的南岛路,航线大致为"明州或翁洲(舟山岛)—奄美(奄美大岛)—夜久(屋久岛)—日本种子岛"。

宋辽关系紧张以后,中日、中朝之间大多走的是南路与南岛路。元丰三年(1080年),宋廷"非明州市舶司而发过日本、高丽者,以违制论"的政策颁布之后,正式确立了明州对日本贸易的法定港地位。之后,从日本横渡东海前往明州(庆元)等港口贸易的南岛路成为中日之间贸易的主要线路。

元代,中日关系非常紧张,但中日之间的商船贸易往来依然频繁。据统计:"元代八十九年间(1279—1368 年)仅史料中有明确记载的,或是已由考古证实的,往来于宁波与日本间的商船有二十四次之多,是其余港口之和(温州五次、福建四次、太仓两次)的两倍。"①林士民先生对元代中日两国商船往来情况做了统计:在港口明确的 22 次贸易往来中,有 15 次是进出庆元港的。② 由此可以看出,庆元港在元代的中日贸易中占有重要的地位。

船舶从中国明州定海县出发前往日本,多在五、六月,利用西南信风航行。从日本港口出发前来中国的船舶,多在三、四月或九、十月,乘东北信风航行。在正常情况下,宋日航线的时间为 5~10 天。根据木宫泰彦的说法,南宋时期日本僧侣荣尊从日本到明州为 10 天,从明州回国为 7 天;俊芿从明州回国为 5 天,荣西从日本来明州用了 8 天。③

3.高丽航线

中国至朝鲜半岛的航路始于木帆船时代的唐代,当时中国与朝鲜半岛的航线有多条,而唐代开拓的从朝鲜半岛、济州岛至明州的航线就是其中比较重要的一条。

宋元时期是我国海上丝绸之路发展的繁荣鼎盛时期,而位于中国海岸线中段的明州(庆元)港成为江南地区与高丽交往的主要港口。据考证,前往高丽的航线为从明州定海放洋,越东海、黄海,沿朝鲜半岛南端西海岸北上,到达礼成江口。《宋史》卷四八七《高丽》载:"自明州定海遇便风,三日入洋,又五日抵墨山,入其境。自墨山过岛屿,诘曲礁石间,舟行甚驶,七日至礼成江。江居两山间,束以石峡,湍激而下,所谓急水门,最为险恶。又三日抵岸,有馆曰碧澜亭,使人由此登陆,崎岖山谷四十余里,乃其国都云。"《续

---

① 江静:《元日贸易特征论——以庆元港为考察对象》,见宁波"海上丝绸之路"申报世界文化遗产办公室、宁波市文物保护管理所、宁波市文物考古研究所:《宁波与海上丝绸之路》,科学出版社,2006 年,第 203 页。

② 毛阳光:《元代宁波在中日关系中的矛盾性格》,见宁波"海上丝绸之路"申报世界文化遗产办公室、宁波市文物保护管理所、宁波市文物考古研究所:《宁波与海上丝绸之路》,科学出版社,2006 年,第 91 页。

③ 章深:《宋元海上丝绸之路史》,世界图书出版公司,2020 年,第 28 页。

资治通鉴长编》记载了元丰六年(1083年)高丽使者从明州返回高丽的路线:"自明州还,遇便风四日兼夜抵黑山,已望其国境。但从黑山入岛屿,安行便风,七日至京。"从《宋史·高丽》《续资治通鉴长编》这两份文献中有关明州到高丽之航线的记载来看,从明州的定海到高丽礼成江的航行需要10天左右。在正常情况下,宋丽航线的时间是5～10天。在最顺利的情况下,从明州定海县发出的船舶5天就能到达高丽海港。"自元丰以后,每朝廷遣使,皆由明州定海放洋,绝海而北。舟行皆乘夏至后南风,风便不过五日即抵岸焉。"①

宋徽宗宣和五年(1123年),宋人路允迪随使前往高丽,回国后将其所见所闻撰写成书,对明州到高丽的路线做了详细的记录。《宣和奉使高丽图经》卷三十四《海道》载:

> 宣和五年五月日,自明州出发,十九日达定海县招宝山。二十四日自招宝山启航。二十五日,抵沈家门。二十六日,入梅岑候风。二十八日,过海驴礁蓬莱山、半洋礁。二十九日,过白水洋、黄水洋,横渡黑水洋。六月二日,抵夹界山。三日,过五屿、排岛、白山、黑山、月屿、澜山岛、白衣岛、跪苫。四日,过春草苫,经槟榔礁、菩萨屿,至竹岛。五日,到苦苫。六日,到群山岛。七日,到横屿。八日,自横屿出发,过富用山、洪州山、鸦子苫、马岛。九日,过九头山、唐人岛、双女礁,午后过和尚岛、中心屿、聂公屿、小青屿,至紫燕岛。十日,自紫燕岛起航,午后至急水门,抵蛤窟抛泊。十一日,经分岭,至龙骨再抛泊。十二日,随潮至礼成港,旋入碧澜亭。十三日,遵陆至于王城。

两宋之时,明州(庆元)与高丽之间的交往因北方辽、金等国的崛起而受到影响。熙宁以前的编敕就明确规定:"客旅商贩,不得往高丽、新罗,及登、莱州为界,违者并徒二年,船物皆没入官。"②南宋时期,由于北方大部分地区被金兵占据,政府对前往北方的船只予以更加严格的限制,禁止前往登州以北的地区。即便是这样,明州(庆元)与高丽之间的民间交往仍频繁进行。

---

① 徐兢:《宣和奉使高丽图经》卷三《城邑·封境》。
② 苏轼:《东坡奏议》卷八《乞禁商旅过外国状》。

入元之后,随着全国的统一,庆元到渤海湾、辽东一带的海上路线得以恢复。由于元代中国与高丽的陆上交通也恢复,这一时期高丽到庆元的船只相对减少了。但海运具有便捷的特点,故其在元与高丽的交往中依然起着重要的作用。

4.南海航线

南海航线指的是从宁波(明州、庆元)港出发,前往东南亚诸国或西亚、东非等地的线路。大量的文献和出土文物证实,早在1世纪前后,中国与东南亚就存在着互通商贸的历史。当时这种商品交换大多是通过"朝贡"和"回赐"等形式来实现的,即"朝贡互市",是一种官方贸易方式。

唐宋以来,东南亚、波斯湾地区与明州(庆元)交往频繁,尤其是在东南亚贸易圈的孕育形成与开拓发展阶段,明州(庆元)港成为这一贸易区的一大重镇。波斯、阿拉伯地区人民从唐代开始就来到东方的明州,波斯陶的出土、波斯巷的存在、清真寺的建立,都表明明州(庆元)港是他们开拓营生的大埠之一。

宋代明州(庆元)港南下远达东南亚,甚至西亚。《宋史》卷四八九《外国五·阇婆》载:"阇婆国在南海中。……先是,朝贡使贡汛泊船六十日至明州定海县,掌市舶监察御史张肃先驿奏其使饰服之状,与尝来入贡波斯相类。"《外国五·占城》载:"占城国在中国之西南,东至海,西至云南,南至真腊国,北至欢州界。……东北至两浙一月程。"宋末元初周达观《真腊风土记》载:"自温州开船,西南行,历闽、广海外诸州港口,过七洲洋,经交趾洋到占城。又自占城顶风可半月到真腊。"

各地出土的越窑青瓷也证实了唐宋时期明州(庆元)港南下航路之繁忙。其路线是:"从宁波出发东达日本,北到朝鲜,或经过泉州,到达广州并由广州南下经南沙群岛,可达越南、加里曼岛、菲律宾群岛、印尼等。穿过马六甲海峡沿孟加拉湾航行可达缅甸、孟加拉、印度,向南至斯里兰卡,横穿印度洋穿过阿拉伯的亚丁,由亚丁沿阿拉伯半岛南岸经阿曼进入波斯湾,或沿海航行,由马拉巴海岸出发,顺印度西海岸北上,经巴基斯坦印度河河口的班布尔进入波斯湾;由亚丁穿过红海到达埃及,往东南可达东非。"①

元代,庆元港的航线相对于宋代来说有所扩展,但在对外海上交通方面变化不大,基本上沿袭南宋以来的航线。

(三)宗教交流

宁波在海上丝绸之路佛教文化交流中地位举足轻重,来自日本的求法僧人在宁波港登陆,然后乘船沿着后塘河来到他们心中的佛教圣地天童寺、阿育王寺参禅学法。天童寺、阿育王寺的高僧也从寺院出发,来到三江口,然后乘船东渡,弘传佛法。

1.天童寺

天童寺在宁波海上丝绸之路史迹中有非常独特的地位,它的历史价值和文物风貌得天独厚,是申遗的重要砝码。据日本学者木宫泰彦《日中文化交流史》中的《南宋时代入宋僧一览表》统计,当时入宋求法的日僧共109人。其中,除了不明参访地点的10多人之外,有明确记载的到天童寺参访过的日僧达20多人。

《宝庆四明志》记载:"晋永康中,僧义兴诛茅缚屋(伐茅草建陋屋)山间,有童子来给薪水,后既有众,遂辞去,曰:'吾太白一辰,上帝以师笃道行,遣侍左右。'语讫不见,故称义兴者曰太白禅师。"这便是宁波名刹天童寺的雏形,后毁于兵燹,唐开元二十年(732年)在原址上重新修复。宋真宗景德四年(1007年)获赐"景德"寺额,称"天童山景德寺"。宋高宗绍兴初年,宏智正觉禅师增广伽蓝,寺院规模得以扩大。淳熙五年(1178年),孝宗赐天童寺了朴禅师"太白名山"四字。② 嘉定年间(1208—1224年),天童寺与阿育王寺一同被列入"禅院五山"。

淳熙十四年(1187年),荣西第二次入宋,访天台山万年寺,参谒虚庵怀敞大师。其后,跟随怀敞移驻天童寺。怀敞欲修天童寺千佛阁,荣西回国运来大批良材,使工程得以顺利完成。楼钥《天童山千佛阁记》对此事有详细记载:

---

① 董忠耿:《论唐宋时期越窑青瓷的对外输出》,《南方文物》1994年第4期。
② 罗濬:《宝庆四明志》卷十三《寺院》。

（淳熙）十六年，虚庵怀敞自天台万年来主是刹，百废俱举，追迹二老，而千佛之阁岁久寝圮，且将弗支，犹以前人规模为未足以称上赐，欲从而振起，更出旧阁及前二阁之上，金以为难，师之志不回也。先是，日本国僧千光法师荣西者，愤发愿心，欲往西域求教外别传之宗，若有告以天台万年为可依者，航海而来，以师为归，及迁天童，西亦随至。居岁余，闻师有改作之意，请曰："思报摄受之恩，糜躯所不惮，况下此者乎？吾忝国主近属，他日归国，当致良材以为助。"师曰："唯。"未几，遂归。越二年，果致百围之木凡若干，挟大舶泛鲸波而至焉，千夫咸集，浮江蔽河，辇致山中。师笑曰："吾事济矣。"于是鸠工度材，云委山积，列楹四十，多日本所致，余则取于境内之山。始建于绍熙四年季秋之甲申，才三载告毕，费缗钱二万有奇。①

宁宗嘉定十六年（1223 年），荣西的弟子明全、道元渡海至天童寺。根据虞樗《日本国千光法师祠堂记》，明全曾于荣西忌辰向天童寺捐楮券千缗，并且设斋向百姓供食。明全与道元在天童寺初随临济宗大惠派的无际乐派学禅。嘉定十七年（1224 年）无际禅师圆寂。次年，道元转赴杭州径山寺，明全则逝于天童寺了然寮。因机缘不契合，道元又回到天童寺，师从住持如净禅师，开始禅坐修行，终于身心透脱，大彻大悟，得如净传付法印、戒法、衣钵等，为曹洞宗正脉传人。宝庆三年（1227 年）道元回国后，以越前的永平寺作为本山，开创了日本曹洞宗。永平寺仿天童寺格局而建，被称为"小天童"。道元成为日本曹洞宗始祖。

之后，日本入宋僧无象静照、无修圆证、彻通义介、樵谷惟仙、寂庵上昭、约翁德俭、玉山玄提等先后登访天童寺。无修圆证系圆尔辨圆的弟子，13 世纪中叶入宋，旅华期间曾参访天童寺西岩了慧禅师，得其印可；彻通义介是道元主持越前永平寺时的弟子，理宗开庆元年（1259 年）入宋，登天童山瞻礼舍利塔，归国后任永平寺第三代住持；寂庵上昭为京都南禅寺龙山德见之师，与无象静照、樵谷惟仙等人的在宋时间大体一致，归国后居镰仓寿福寺与大休正念分座说法，日本文永年间（1264—1275 年）入宋，师事天童寺直翁

---

① 楼钥：《攻媿集》卷五十七。

德举,归国后成为日向大慈寺的创建人。

此外,南宋赴日传法禅僧兰溪道隆、西涧士昙、无学祖元、静堂觉圆等人,在东渡之前也曾驻锡于天童寺。兰溪道隆先后在径山寺无准师范、天童寺痴绝道冲门下习禅,淳祐六年(1246 年)东渡日本,宝祐元年(1253 年)成为镰仓建长寺首任住持,向以北条时赖为首的镰仓武士集团讲授宋风禅,至元十六年(1279 年)圆寂于建长寺。西涧士昙系天童寺石帆惟衍的弟子,至元八年(1271 年)石帆应当时的日本执权北条时宗之请,派遣士昙赴日,士昙时年 23 岁,在京都、镰仓游历 7 年归宋,大德三年(1299 年)又与一山一宁同船东渡,住于圆觉、建长等寺。无学祖元出身于庆元府(宁波),赴日之前在天童寺环溪惟一会下为首座。至元十六年(1279 年),祖元渡抵日本,初居镰仓建长寺。至元十九年(1282 年)北条时宗创建圆觉寺,祖元应时宗之请,成为该寺开山。静堂觉圆是天童寺环溪唯一的法嗣,与祖元一同赴日,先后在禅兴、净智、圆觉、建长、建仁等寺弘扬禅法。兰溪道隆等人传扬纯中国式禅法,主张肃正丛林规矩,提倡勤俭修持,给当时的日本佛教界带去了一股新风。

进入元代以后,天童寺依然是日本来华僧侣频繁叩访之地。到过天童寺的日本入元僧难以计数,其中较为有名的有:龙山德见、嵩山居中、无云义天、中庭宗可、天岸慧广等。龙山德见系赴日元僧一山一宁的日本弟子,大德九年(1305 年)入元,曾参禅于天童寺东岩禅师会下,回国后赴京都布禅,先后住于南禅寺、天龙寺。嵩山居中出于一山一宁和西涧士昙门下,至大二年(1309 年)第一次入元,参谒了天童寺东岩禅师,延祐五年(1318 年)第二次入元,又拜会了天童寺云外禅师,归国后传禅于京都南禅、建仁等寺。无云义天是赴日宋僧静堂觉圆的弟子,入元时间不详,回日本后在南禅寺、建仁寺修法授业。中庭宗可入元时间不详,曾登天童南山,瞻礼长翁如净禅师之塔,并置希玄道元牌位于南谷庵祖堂(在长翁如净塔院旁侧)之内。天岸慧广入元时间疑为日本正中二年(1325 年),曾巡礼天童、径山、天台等地,著有《东归集》。

在明代,访问过天童寺的日本僧侣,较有影响者有绝海中津、伯英德俊、湖海中珊、雪舟等杨。成化三年(1467 年),日本画僧雪舟等杨以遣明船的陪乘身份入明,到达宁波后,参拜天童山景德寺,佛、儒、画皆精的雪舟被列入天童名僧录,还被尊为"禅班第一座"。雪舟访问阿育王寺后,画有《育王山图》,此图所描绘的景致至今尚存。正如他刚入明时所作的《四季山水图》显示的那样,其作品具有接近于明代浙派的画风,在日本确立了水墨山水画法。

2.阿育王寺

阿育王寺,也是海上丝绸之路上一个对外文化交流的重要窗口,是宁波海上丝绸之路申遗的重要文化遗址。阿育王寺是中国佛教"中华五山"之一,也是禅宗名刹"中华五刹"之一,在海上丝绸之路的佛教史及中日文化交流史上有着重要地位,并因寺内珍藏佛教珍宝释迦牟尼真身舍利而闻名中外。

阿育王寺始建于东晋安帝义熙元年(405年),梁武帝赐阿育王寺额。到了唐代,阿育王寺声名益彰。唐天宝二年(743年)十二月,鉴真第二次东渡经舟山列岛渡海未成,一行为岛民救回,被送至明州鄮县阿育王寺安置。鉴真第三次东渡从明州海域的下屿山(舟山群岛中的五屿之一,或谓指下川岛)起航,再往桑右山(今宁波港的大榭山,或认为是大衢山北的一个岛)。途中,按日人著《唐大和上东征传》所述:"舟破,人并舟上岸,水米俱尽,饥渴三日,风停浪静,泉郎将水米来相救,又经五日,有还海官,来问消息,申请明州大守处分,安置鄮县山阿育王寺。"鉴真一行要到日本去,从明州港出发,但却被越州的和尚向州官告发,把聘请鉴真的日本僧荣睿逮捕起来。于是,鉴真作第四次东渡准备时,把鄮县阿育王寺作为一个决策指挥所,先派出法进等人去福州买船,正如日人所记:"天宝三载(744年)……大和尚(鉴真)依次巡游、开讲、受戒,还至鄮县阿育王寺……乃遣僧法进及二近事,将轻货往福州买船,具办粮用。"准备工作完成之后,鉴真便以到天台山国清寺礼佛为名,告别鄮县率众南下。但正当他们从黄岩县禅林寺出发向温州继续旅行时,被官方追到。鉴真等人被押回扬州。第四次东渡就此失败。鉴真第五次东渡因风浪把船漂到海南岛而告失败,他让普照从广东重返鄮县,住进阿育王寺等待时机。等到鉴真第六次东渡从扬州出发时,普照才又从鄮县赶去。这就是日人记载的"普照师从此辞和上向岭北去,至明州阿育王寺。是岁,天宝九载也"。

天宝十二载(753 年),鉴真第六次渡海终获成功,此次带至日本的物品中有"阿育王塔样金铜塔一区"。抵日以后,鉴真又先后在奈良县东大寺、栃木县药师寺、福冈县观世音寺建立戒坛,戒坛最上层安置阿育王塔。王勇指出,鉴真对阿育王塔的特别关注,与鉴真滞留阿育王寺的经历有必然的联系。[1]

北宋真宗大中祥符元年(1008 年),阿育王寺得赐广利禅寺额。阿育王寺大致于此时开始成为一座禅宗寺院。仁宗时期,高僧怀琏主持阿育王寺,阿育王寺声名逐渐显扬。南宋初年,阿育王寺住持净昙将仁宗赐予怀琏的手书颂诗尽数献给高宗,高宗降旨称许,并为寺院书写"佛顶光明"题额。南宋孝宗时期,深受孝宗敬慕的佛照德光禅师曾一度入主阿育王寺。此外,南宋中期以降,航抵明州(庆元)港的外国舶商和僧侣不断增多,阿育王寺在海内外的影响也日益增大。

南宋时期,于阿育王寺挂锡或巡礼的日本僧侣不胜枚举。在此,首先应当言及的是俊乘坊重源。重源于宋孝宗乾道三年(1167 年)至淳熙三年(1176 年)之间 3 次来华,修行于天台山和阿育王山,曾从日本周防国(今山口县一带)运来木材,协助营建阿育王寺舍利殿。旅宋期间,重源除了礼佛求法之外,对江南地区佛寺建筑的营造法式也有了深入的了解。日本养和元年(1181 年),重源受命主持奈良东大寺的重建工作,他从中国请来铸造师陈和卿、石雕匠伊行末等能工巧匠帮助施工,先后完成大佛铸造、大佛殿建造以及南大门雕像制作等工程,于建仁三年(1203 年)使东大寺恢复一新。重建之后的东大寺,不仅在建筑样式上采用了富于中国江南地方特色的"天竺样",而且在绘画、雕刻上也体现出鲜明的宋风。这些无疑与重源的入宋经验有着直接关联,同时也要归因于中国工匠在工程中扮演的重要角色。这批工匠中,雕刻师伊行末出身明州,学界对此已有定论,虽然关于陈和卿的出生地尚有疑问,但从文献记载来看,陈和卿是育王山佛教圣迹的热忱崇奉者。《吾妻镜》记载,陈和卿曾于建保四年(1216 年)向将军源实朝提议渡

---

[1]　王勇:《唐代明州与中日交流》,见宁波"海上丝绸之路"申报世界文化遗产办公室、宁波市文物保护管理所、宁波市文物考古研究所:《宁波与海上丝绸之路》,科学出版社,2006 年,第 265—270 页。

海参诣阿育王山，并于当年亲自督工制造了大船，但次年船只下海时，由于船体过重而无法浮起，参拜阿育王山之旅最终未能成行。

宋孝宗乾道四年（1168 年），被尊为日本禅宗始祖的千光法师荣西第一次入宋。荣西在明州与早一年入宋的重源相遇，一同参拜了天台山、阿育王山。同年归国时，荣西除了带去天台宗新章疏 30 余部 60 卷，还将茶籽带到了日本。

孝宗淳熙十六年（1189 年），日本禅宗达摩派创始人大日能忍，派遣弟子练中、胜辨入宋，向阿育王寺佛照禅师德光呈递书信、馈赠礼品，德光以法衣和亲笔题赞的达摩画像回赠，练中、胜辨将德光所授之物带回日本，大日能忍教团权威性得以树立。在此之前，大日能忍以摄津三宝寺为根据地传播禅法时，曾因师承无门而遭到其他各派诟病。

南宋晚期嘉定年间，宋廷"品第江南诸寺，以余杭径山寺，钱唐灵隐寺、净慈寺，宁波天童寺、育王寺，为禅院五山"①。阿育王寺居于天下禅院五山之列，其权威地位在政治层面得到巩固。此后，瞻礼阿育王寺的日本入宋僧络绎不绝，见诸史料的包括希玄道元、心地觉心、无象静照、约翁德俭、樵谷惟仙、桃溪德悟等人。道元在宁宗嘉定十六年（1223 年）抵宋，居天童寺修法，其间亦参诣过阿育王寺。心地觉心于宋理宗淳祐九年（1249 年）入宋，先后驻锡于径山寺、护国寺及阿育王寺。理宗宝祐二年（1254 年）东渡回国后，心地觉心入主纪州西方寺（后称兴国寺），并将寺院改为禅寺，开创临济宗法灯派。无象静照系京都东福寺开山之祖圆尔辨圆的弟子，理宗淳祐十二年（1252 年）入宋，修学于径山寺、阿育王寺和天台山。度宗咸淳元年（1265 年）返回日本后，创建佛心寺、兴禅寺等寺庙，著《兴禅记》一卷。约翁德俭是旅日宋僧兰溪道隆的弟子，于日本文永年间（1264—1275 年）来华，游学于阿育王寺、天童寺、净慈寺、灵隐寺等，其天赋、品行受到诸寺长老的赏识。归国后，先后居于建仁寺、建长寺、南禅寺等，受后宇多上皇的敬慕与信赖。樵谷惟仙入宋年代不详，疑为日本文应、弘长年间（1260—1264 年），旅宋期间修学于育王寺、天童寺等，回国后隐于信州崇福山，开创安乐寺。桃溪德悟也是兰溪道隆的弟子，入宋年代不详，先拜于阿育王寺顽极行满门下，之后

---

① 田汝成：《西湖游览志余》卷十四《方外玄踪》，上海古籍出版社，1980 年，第 260 页。

游历诸刹。日本弘安二年(1279年)随庆元无学祖元一同东渡,弘安五年(1282年)北条时宗请祖元为镰仓圆觉寺开山,桃溪也入住圆觉寺,后移住博多圣福寺。

入元以后,阿育王寺仍是日本来华僧侣参拜的主要寺院。他们前往阿育王寺,大都是为了拜会德高望重的月江印禅师。入元僧多为禅宗僧侣,虽然他们在中日禅林的影响已大不如入宋僧,但其中不乏出类拔萃的人物。例如,月山友桂曾经做过月江印禅师的书记僧,东林友丘则在月江印的座下执掌藏钥。

到了明代,宁波成为中日勘合朝贡贸易的指定港口,对于随遣明使团来华的日本僧侣而言,宁波寺院是最为近便的礼佛之所。在访问过阿育王寺的日本入明僧中,首先应当言及的是佛日禅师了庵桂悟。入明之前,了庵桂悟曾先后执掌安养寺、南禅寺和东福寺。正德六年(1511年),了庵以87岁高龄作为足利氏遣明正使率团入明。抵明之后,受到武宗敬慕,钦赐金襕袈裟,命主持阿育王山广利寺。①

3.七塔寺

初建于唐大中十二年(858年)的七塔禅寺,距今已有1160余年历史。北宋时期,延庆寺的四明知礼大师中兴天台宗,影响深远,日本学问僧频繁前来参学。明嘉靖年间(1522—1566年),日本僧人策彦周良出使明朝,其间五次参访七塔禅寺,详细记录了日本使团在宁波的文化交流活动,反映了当时中日文化交流的实态。清光绪年间,慈运长老出任七塔禅寺住持,开创临济宗七塔寺法派,声闻远至南洋、印度、日本等地。

七塔禅寺初建时有江西分宁宰任景求舍宅为寺,敦请天童寺退居住持心镜藏奂禅师居之,是为开山始祖,寺初名东津禅院。藏奂禅师是马祖道一嫡传法子、五泄山灵默大师的弟子,故东津禅院属于禅门洪州宗一脉。咸通元年(860年),浙东裘甫率兵起事,攻城略地,四明亦遭荼毒。一日,裘甫率领2000多名乱兵闯入寺院,欲行抢掠。寺众惊骇逃散,唯藏奂禅师临危泰然,在殿中瞑目禅定,神色不变。众兵惊异慑服,作礼而退,寺院得以保全。

---

① 刘恒武:《宁波古代对外文化交流——以历史文化遗存为中心》,海洋出版社,2009年,第162—167页。

第二年,郡守以此事奏闻朝廷,盛称师德,懿宗诏改"东津禅院"为"栖心寺"。

宋大中祥符元年(1008年),真宗敕改栖心寺额为崇寿寺。此时,寺院已成四明地区的著名道场之一,与同处市区的天台宗山家派延庆寺相并立,并为山家派提供了不少优秀人才,如广智法孙明智中立、神照法孙智连觉云、以持律闻名的戒度法师等。政和八年(1118年),宋徽宗因受道士林灵素之惑,崇迷道教,下旨将佛教寺院改为道观,崇寿寺随之改为神霄玉清万寿宫。宣和二年(1120年),仍还原为栖心寺。

元代时,栖心寺为甬城重要的天台宗道场。其中比较知名的天台学家有剡源法嗣允则法师、善继法嗣是乘法师、弘道法嗣净珠法师等。

明洪武二十年(1387年),信国公汤和为抗御倭寇侵扰,实行坚壁清野政策,将海岛居民迁徙内地,焚毁普陀山宝陀寺(即普济寺前身)殿舍300余间,迎千手千眼观音菩萨圣像于宁波府崇寿寺内供奉,寺院住持惟摩禅师舍地以建宝陀寺,寺东三分之一面积,复建栖心寺。第二年,诏改寺额为"补陀寺",遂成观音菩萨道场,人称"小普陀"。永乐四年(1406年),栖心寺并入补陀寺,两寺合一。永乐二十二年(1424年),住持汝庆建圆通宝殿。宣德七年(1432年),永诜建毗卢阁。天顺二年(1458年),文彬建藏经宝阁、大悲弥陀殿及廊庑等。嘉靖年间(1522—1566年),建十王殿。

明末清初,天童密云圆悟法孙、浮石通贤法子拳石沃禅师及其弟子自天育先后住持寺院,弘扬圆悟一派所传的临济宗禅法。顺治年间(1644—1661年),七塔寺建成住持殿。康熙年间(1662—1722年),寺院重修佛殿、山门、钟楼等。康熙二十一年(1682年),修建大悲殿,超育建云来庵塔院。因寺前建有7座佛塔(喻示过去七佛,为禅宗法脉源头表征),故寺俗称"七塔寺"。咸丰十一年(1861年),寺经洪杨之役(即太平天国运动),惨遭兵火,遂成废墟。同治十年(1871年),宁波江东迎春弄周文学医生母子发心重修佛殿,早磬晚鱼,募化不倦,最终建成大佛殿及山门等。光绪十六年(1890年),天童寺退居住持慈运长老应地方绅董之请,出任七塔寺住持。自此广集净资,大兴土木,重修了大雄宝殿,重建了天王殿、三圣殿、中兴祖堂、藏经楼、法堂、禅堂、念佛堂、云水堂、大钟楼、门前七佛塔等,塑千手观音圣像,梵宇一新,衲僧云集。光绪二十一年(1895年),慈运长老晋京请颁《龙藏》一套,并蒙光绪皇帝敕赐寺额为"报恩寺",因此寺全称"七塔报恩禅寺"。慈运长老为禅门临济正宗第 39 世传人,住寺期间,大弘临济禅法,传法嗣 48 人,皆一时之法门龙象,其中以圆瑛、道阶、溥常等最为著名。七塔禅风因此广传海内外,分布在湘、滇、蜀、陕、闽、浙、苏、赣、皖、豫、台等地区,乃至南洋、日本、韩国等地,形成了具有一定规模的"七塔寺法派",七塔禅寺因此成为中国近代临济宗中兴祖庭之一。后人缅怀慈运长老之功德,建慈荫堂以纪念之,尊其为七塔禅寺中兴之祖。

4.江北天主教堂

道光二十四年(1844 年),宁波正式开埠,外国人纷至沓来,欧美一些国家先后在宁波城外的江北岸设立领事馆和开办洋行。甬江西侧成了外国人通商居留地,被市民称为外滩。外国人在那里建造洋房和马路,修筑码头和货栈,开展商贸活动。同治元年(1862 年),新江桥浮桥的建成和甬申线轮船航线的开辟,极大地方便了江北岸与城厢之间以及甬沪两地的交通往来。

随着江北岸一带的经济发展和人口增加,西方传教士开始大力拓展教务。道光二十六年(1846 年),天主教会在宁波设立了浙江主教区,由法国遣使会派会士来担任主教。道光三十年（1850 年）12 月 22 日,顾方济(François Xavier Timotheè Danicourt)接任天主教浙江主教,主教座堂由定海迁入宁波药行街的圣母升天堂。根据罗马教廷咸丰四年(1854 年)5 月 15 日的命令,江西主教田嘉璧(Louis-Gabriel Delaplace)来浙江接任主教职务。咸丰五年(1855 年)6 月 23 日,田嘉璧主教抵达宁波,此后为发展浙江教会做了许多事情。同治四年(1865 年)他重建药行街天主教堂,同治六年(1867 年)在台州开展天主教活动,还在浙江各地建立了一些育婴院、孤儿院、诊所、学校和教堂。同治九年(1870 年),田主教去北京主教区赴任。第四任主教苏凤文(Bishop Edmond-François Guierry)于同治九年(1870 年)由北京来宁波上任。任内积极开展教会建设和发展慈善事业。当年就在宁波城区设立诺瑟医院,第二年开始在老外滩的中马路东侧建造江北天主教堂(建成后定名为圣母七苦堂)。光绪二年(1876 年)在完成了主教公署和藏经楼的增建之后,江北天主教堂成为主教常驻堂。苏凤文主教是江北天主教堂的建造者,他的继任人赵保禄(Paul Marie Reynaud)。为向老外滩周边的居民提供敲钟报时服务,增加教堂的观赏性和吸引力,赵保禄于光绪二十四年

(1898年)对教堂进行扩建,在西侧增建钟楼,由此整个教堂总面积达到了4850平方米左右,其中的钟楼高达30米,是江北岸最高的建筑物。无论从哪个角度去看,圣母七苦堂都显得宏伟壮观。外立面以中国传统的青砖为主,红砖作为边框和线条装饰,具有典型的哥特式建筑风格。内部结构采用抬梁式,屋顶用了中国的筒瓦。这是中西建筑融合的重要典范,也是近现代的优秀建筑和浙江省天主教堂建筑中的代表作。它的兴建与沿用,对研究宁波近代建筑的传承脉络,探索宁波城市与港口的兴盛轨迹,映衬宁波城市文化遗产的结构类型,均有重要的历史意义与现实价值。

5. 保国寺

保国寺是国务院公布的第一批全国重点文物保护单位之一,位于宁波市江北区洪塘街道灵山山岙。

相传东汉光武帝建武年间(25—55年),有骠骑将军张意及其子中书郎张齐芳隐居于此,佛教传入后,他们舍宅为寺,此寺后改为灵山寺。唐武宗会昌灭佛,灵山寺毁,广明年间(880年)重建,赐额"保国寺"。宋英宗治平元年(1064年)称"精进院",后又更名为"保国寺"。宋真宗大中祥符年间(1008—1016年),复有德贤、德诚两大师中兴保国。元、明、清至民国,历经兴葺。

保国寺现存建筑在中轴线上自南而北有山门、经幢、天王殿、大殿、观音殿、藏经楼,东西两侧有钟楼、鼓楼和僧舍。其中,大殿为全寺主殿,重建于北宋大中祥符六年(1013年),是我国南方地区保存最完好的宋代木构建筑遗存。大殿为单檐九脊殿,平面进深大于面阔,呈纵长方形,这在同时代的佛殿建筑中极为罕见。利用斗拱之间的巧妙衔接和精确的榫卯技术,不用一枚铁钉而将建筑物的各个构件牢固地结合在一起,从而承托起整个屋顶50余吨的重量。大殿用材硕大,相当于《营造法式》中的五等材。前槽天花板上巧妙地安排了三个与整体结构有机衔接的镂空藻井,由于藻井和天花板遮住大殿梁架,下面不易看到,故大殿又被称为"无梁殿"。大殿除建筑风格独特外,还有"虫不蛀,鸟不入,蜘蛛不结网,梁上无灰尘"的神奇之处。

保国寺大殿营造时正值宁波海上丝绸之路的全盛时期,其代表的地域建筑文化通过海上丝绸之路传播至日本、高丽等国。2004年7月,国际古迹遗址理事会尤嘎先生在考察保国寺期间,更是由衷地发出"宁波人民有创造力""这就是世界文化遗产"的赞叹,对宁波先民伟大的创造给予高度评价。

(四)生产遗存

如果说,河姆渡文化是宁波海上丝绸之路的源头,句章港是其发展的历史基础,那么,上林湖古窑址、东钱湖青瓷遗址生产的大量外销陶瓷,则树起了一座新的里程碑。1000多年前,宁波人民精心制造的越窑青瓷远涉重洋,开辟了著名的"海上陶瓷之路",成为中外文化交流和友好贸易的象征。

1. 上林湖越窑遗址

上林湖越窑遗址是中国唐宋时期越窑青瓷的中心产地,是中国青瓷的重要发源地和重要产区之一,也是海上丝绸之路的发祥地。遗址环慈溪上林湖呈桃叶形分布,蜿蜒长达 20 千米,窑址总数达 120 余处,时代上至东汉,下及北宋,以晚唐、五代、北宋为最多。这些古窑址,是我国一座内容丰富、形象生动的青瓷画廊,也被人称为"青瓷露天博物馆"。

经考古发掘,上林湖有东汉晚期至三国时期的窑址 7 处。这一时期烧造的青瓷比较简单,有罐、壶、碗、盘及许多大型日用器皿,瓷品胎质坚硬,造型丰满而笨拙,釉色青绿或青灰,釉层不匀。两晋至南北朝期间,产品种类增多,制作工艺改进,造型趋向秀丽,釉色以青灰色和酱色为主,釉层均匀。从唐代开始,上林湖窑址数量剧增,窑炉结构、装烧技术和施釉方法都有很大的改进和提高,青瓷的质量跃居我国五大名窑之首。唐代"茶圣"陆羽在《茶经·四之器》中说:"碗,越州上,鼎州次,婺州次,岳州次,寿州、洪州次。或者以邢州处越州上,殊为不然。若邢瓷类银,越瓷类玉,邢不如越一也;若邢瓷类雪,则越瓷类冰,邢不如越二也;邢瓷白而茶色丹,越瓷青而茶色绿,邢不如越三也。"[①]许多唐代诗人对越窑青瓷作了形象的描绘,如陆龟蒙的《秘色越器》:"九秋风露越窑开,夺得千峰翠色来。"皮日休的《茶瓯》:"邢客与越人,皆能造瓷器。圆似月魂堕,轻如云魄起。"徐寅的《贡余秘色茶盏》赞颂贡窑青瓷:"捩翠融青瑞色新,陶成先得贡吾君。功剜明月染春水,轻旋薄冰盛绿云。"晚唐时期,上林湖越窑青瓷的釉色艺术达到极致。自唐以来,上

---

① 陆羽:《茶经·四之器》。

林湖作为"贡窑",专门烧制宫廷用瓷,一直延至宋代。宋金石学兴起,对越窑多有考证,集中于秘色瓷、贡瓷和置官监窑等方面。北宋庆历年间,谢景初作《观上林坩器》,对北宋中期瓷业的生产规模、烧造工艺流程及青瓷的价值等做了真实记录。明代注重对越窑器物的研究。20世纪30年代,陈万里出版《越瓷图录》《瓷器与浙江》《中国青瓷史略》等,开启了具有现代考古学意义的越窑考古学研究。1984年在寺龙口遗址发掘的北宋时烧制的三足蟾蜍青瓷水盂,经专家鉴定,为国家一级文物,后被编入《国宝大观》[①]一书。

以上林湖为中心产地的越窑青瓷的发展,使瓷器同丝织品一样成为明州港输出的主要商品。现在印度、伊朗、埃及、日本等国古港口、古城堡遗址,均发现有上林湖所产青瓷遗物。

随着越窑青瓷的大量外销,制瓷技术也普遍外传,并影响了他地制瓷业和制瓷技术的发展。朝鲜半岛的高丽青瓷在短时间内迅速赶上甚至超越越窑青瓷,并一度向越窑青瓷发源地浙东地区输出。日本的制陶业也模仿越窑青瓷,名古屋东边的猿投窑烧制的器物在造型、釉色、纹饰上都与越窑相似。而在9—10世纪大量输入越窑青瓷的埃及,也制出了仿越州窑瓷,到11世纪,其仿制的陶器在器形、釉色、刻画纹饰上与越窑青瓷已经十分相似。

2. 东钱湖青瓷遗址

东钱湖区域窑址发掘出大量五代、北宋时期的越窑青瓷和窑具,体现了五代、北宋东钱湖区域的制瓷水平,折射出当时社会经济的繁荣与海上丝绸之路的兴盛。东钱湖越窑窑址可能起始于东汉,衰落于北宋晚期,前后烧制了1000多年。东钱湖越窑在宋朝生产达到鼎盛。郭家峙、前堰头、上水、下水、韩岭都有窑址,痕迹一直延伸到周边的东吴、少白、宝幢、五乡等地。最繁盛时,郭家峙窑有窑场四处,匣钵工场一处,面积达2万平方米左右。它与上虞曹娥江、慈溪上林湖一起,构成了越窑青瓷的三大生产基地。

据不完全统计,目前在东钱湖周边已发现东汉至唐宋时期越窑青瓷窑址不下55处,沿湖遍布的窑区众多,如栎斜的玉缸山、郭家峙、郭童岙、韩岭、马山、上水、窑岙、下水、官驿河头、蛇山等。2007年,宁波市文物考古研

---

① 梁白泉:《国宝大观》,上海文化出版社,1990年。

究所曾抢救发掘过郭童岙窑址群,共清理龙窑 8 条、砖瓦窑 3 座,出土各类青瓷器物和窑具标本数千件(套)。

上水岙窑址位于宁波市东钱湖旅游度假区原上水村境内。2012 年 11—12 月,宁波市文物考古研究所在东钱湖地区开展调查、勘探时首次发现上水岙窑址;2015 年 10—12 月,为配合基建项目建设,对窑址分布区进行了重点勘探;2016 年 2—11 月,在东钱湖旅游度假区管委会的协助下,宁波市文物考古研究所对上水岙窑址实施了抢救性发掘,共发现窑炉遗迹 2 条,出土大批精美的越窑青瓷和窑具等遗物。

因遭破坏,发掘时仅见上水岙窑场的烧成区(窑炉)遗迹,而备料区、成形区、上釉区、存储区等作坊遗迹和配套设施已在早期平整农田和修筑沙山公路时被损毁。上水岙窑炉遗迹均为依山而建的龙窑,砖砌而成。2 条窑炉的窑头部分皆保存较好,但中段均遭破坏。1 号窑炉窑尾部分已被破坏,2 号窑炉窑尾尚存。从每条窑炉从窑头由南往北收缩的 3 处火膛遗迹看,应是同一窑炉的三次重修再利用,两条窑炉均为不同时期的 3 座窑,共6 座窑。

从瓷器标本特征看,其主体遗存时代应在北宋中期,少量遗存年代可能早到 10 世纪晚期,且总体上具有六个方面的特点。一是种类丰富,包括碗、盘、杯、盏、盏托、盒、罐、壶、钵、香薰、瓶、套盒、水盂、枕、洗、砚台、五管灯、唾盂等越窑青瓷产品和匣钵、垫圈、复合型垫具等烧窑用具。二是造型别致,发现了以往越窑考古中少见的器形,如仿青铜礼器的越窑青瓷花口尊和镂雕凤纹、龙纹香薰等。三是装饰工艺繁复,集多种工艺于一身,刻划花、浅浮雕、镂雕、堆塑等工艺大量运用,使器物呈现多层次的立体浮雕感。四是纹饰精美多样,既有莲瓣纹、牡丹纹、荷叶纹、莲蓬纹、云草纹等植物花卉和海波纹样,也有凤、龙、摩羯、雀、鸳鸯、鹦鹉、鹤、鱼等动物纹样,形象逼真,栩栩如生。五是器物上大量刻划文字,如"大""内""千""十""弟子曾……""……申日……下庙""周置""大吉""曾州""上清"等,为研究越窑提供了珍贵的文字资料。六是出土的各色窑具上大量黏附各类器物,为研究越窑的烧制工艺提供了实物资料。

上水岙窑址的发现,不仅为研究北宋时期越窑的窑炉结构、布局和建造技术等提供了新的案例,更重要的是,其出土的瓷器产品大多制作精美,胎质、釉色均属上乘,透雕、刻划花工艺精湛。产品可分为三类。第一类是普通日用瓷,如数量众多的碗、盏、杯、盘、盒等,其工艺纹饰相对简单。第二类是高级定烧瓷,又可分两种:一种如净瓶、刻划"弟子曾"的杯状盏托、内壁刻划"……申日……下庙"的碗和镂雕凤纹、龙纹的香薰等,可能是寺庙定烧用瓷;一种如内外壁刻划莲瓣纹的盏和一些内底刻划"大""内"字款的器物等,其釉色莹润、胎质细腻、纹饰精美、制作精细,或为仿"官样"烧制的官府用瓷。第三类是出口外销瓷。上水岙窑址中出土的部分产品在海外曾有类似品种发现,不排除其外销的可能。这对考察北宋时期东钱湖窑场的产品外销,以及我国古代海外交通史、陶瓷贸易史,特别是宁波古代海上丝绸之路,具有重要的参考价值。

东吴镇花园山窑址在 2017 年的考古发掘中出土了大批越窑青瓷残件、窑具和制瓷工具等。窑址最早年代可追溯至五代,主流器物为北宋时期,下限至南宋早期。出土瓷器有粗品和精品两大类:粗品主要是民间普通日用瓷,有碗、盘、杯、盏、钵、罐、洗、盒、韩瓶、执壶、灯盏、唾壶、水盂、器盖、脉枕、灯管、花盆等十多种器形,其中以碗、盘数量居多,盏、碟次之。精品如细线划花"内坊"款盘、高圈足龙凤团花纹碗、团花纹碟等,可能为越窑贡瓷,部分产品与上林湖窑场相似,但亦有本地特色。值得一提的是,出土的北宋早期瓷器上装饰纹样题材丰富,涵盖了宋代流行的珍禽异兽、奇花异草等深受百姓喜爱的图案,纹样有龙凤、孔雀、鹦鹉、乌龟、荷花、团菊、梅花、海波等各种题材,其中龙凤纹、团菊纹、孔雀纹、鹦鹉缠枝花卉纹等图案的瓷器曾在台湾澎湖列岛海底沉船上发现,瓷器上的孔雀纹图案也成了台湾地区出版的《越窑在澎湖》①一书的封面。这说明了那个时期东吴生产的瓷器,不仅进贡,而且外销,与海上丝绸之路有密切联系,证明该地在北宋时期是一处重要的越窑青瓷产区。

(五)商业往来

从历史文献记载看,唐宋时,明州城进入以港口城市为核心的"帆船贸易"时期,成为对外贸易的重要港口。宋代《乾道四明图经》称"明之为州,实越之东部。观舆地图,则僻在一隅,虽非都会,乃海道辐凑之地"。海外贸易

---

① 陈信雄:《越窑在澎湖》,文山书局,1994 年。

的繁荣推动了管理机构的设立。宋真宗咸平二年(999年),朝廷在明州设立市舶司,管理明州港贸易。

1. 庆安会馆(安澜会馆)

从上虞梁湖发源的姚江和从奉化斑竹发源的奉化江,流经市区东门口处与甬江汇合,然后折向东北,再经招宝山汇入东海。"大海泱泱,忘记爹娘",早期的宁波商人,正是在这三江汇流之处,沿着一条"沙船之路"驶向上海,走向全国乃至全世界,从而造就了天下闻达的宁波商帮。三江汇流之处,自古就是我国海上丝绸之路、陶瓷之路的出发港,成为宁波对外贸易的中心。千百年来,三江口不知经历了多少风云变幻,演绎了多少动人的故事。见证着宁波非凡历史的庆安会馆就坐落在三江口东岸、江东北路156号。

庆安会馆,又名北号会馆,始建于清道光三十年(1850年),迄今已有170多年的历史。庆安会馆名列我国七大会馆之首,是八大天后宫之一。庆安会馆还有两个与众不同的地方。其一,它在全国现存的所有会馆和天后宫中是唯一一处"宫馆合一"建筑制式的实例,也是全国会馆类国家级文保单位中唯一一处海运业会馆,堪称近代宁波商贸文化与海洋文化的经典。其二,在浙江省内,庆安会馆还是目前唯一一处保存完整的会馆建筑群,同时也是规模最大的天后宫。2001年6月,庆安会馆被国务院公布为第五批全国重点文物保护单位之一。

庆安会馆既是海运行业聚会的重要场所,也是纪念海神妈祖的重要殿堂。"宣和五年,路允迪使高丽,中流震风,八舟七溺,独路所乘,神降于樯,安流以济。使还奏闻,特赐庙号顺济。"[①]于是,妈祖神佑的故事传遍朝野。妈祖信俗得到了朝廷的认可,并且借助明州,很快传播到全国各地,妈祖则成为中华民族的航海保护神。

庆安会馆是商业船帮创建的会馆,据其内部资料,南、北号商帮奉天后娘娘为保护神,除设有天后神像外,还有圣迹图四幅。现在的庆安会馆,内设"妈祖祭祀场景展示"、《天后圣迹图》八幅壁画、"妈祖与中国红"等陈列,

---

① 李俊甫:《莆阳比事》卷七"鬼兵佐国神女护使",江苏古籍出版社,1998年,第282页。

肃穆呈现祭祀妈祖的虔诚氛围和妈祖救助海难的感人事迹,令游客在了解妈祖文化内涵和祭祀习俗的同时,深刻感受到妈祖信俗对昔日船商的重要意义。

会馆文化是庆安会馆往来于河海商贸活动的永久记载。自 2001 年对外开放以来,庆安会馆一直以承继会馆文化、弘扬宁波商帮传统为重任。从内部文化底蕴挖掘而言,为全面搜集庆安会馆相关背景资料,庆安会馆在向社会各界征集宁波会馆文化文物的同时,不断寻找历史线索,对会馆创建人现存后代进行口碑调查,寻访会馆创建人家族所在地,访问曾经亲身生活于历史现场的见证人,等等。这些都是庆安会馆昔日的成员从事河海运输商贸活动的珍贵资料。从外部横向联系拓展而言,庆安会馆屡次派员参加中国会馆联谊会,与各地会馆广泛联系、深入交流,引进"中国会馆图片展",参与以会馆为载体,展现明清五百年中国十大商帮的创业史实的大型历史纪录片《风云会馆》的拍摄,等等。在 2013 年 12 月举办的中国会馆保护与发展宁波论坛上,庆安会馆见证了中国文物学会会馆专业委员会完成换届改选,继续为会馆文化的保护与发展贡献力量。庆安会馆的创建者及其主营的业务是会馆文化的核心所在,承继庆安会馆的历史文化,便是承继南、北号商业船帮的商业文化。

2. 永丰库遗址

永丰库遗址是国内首次发现的宋元明时期大型衙署仓储型遗址,是我国最大的元代单体建筑遗址,具有独一无二的古建筑构造特点,是宁波历史文化名城的标志性遗址。长江以南的元代遗迹很少,永丰库的发掘,为宋元考古学提供了重要实例。永丰库遗址出土了当时主要窑系烧制的瓷器,其文物价值达到国家级,是宁波最重要的城市考古发现。在 2003 年全国参选的 23 个文物遗址中,永丰库是浙江省唯一入选的遗址。

永丰库深 1.5 米,墙基长约 17 米,墙基下整齐地堆放着一排方孔石。方孔石,就是一块半米见方的石块,中心凿出一个方孔,但不凿穿。方块石的用途,据文献记载,最有可能就是埋在墙基下,当作柱子的基础。永丰库遗址还发现两处单体建筑房基,墙基长 56 米,宽 17 米,围成一个 900 多平方米的建筑,建筑中间还有 3 道墙基。这幢建筑似乎又被分隔成了 4 个大开间,墙体厚达 1.4 米。两处单体建筑房基外,尚有长 29 米、宽 6 米的砖砌道路,830 平方米砖铺庭院,以及排水设施、水井、护城河。这种建筑结构至今仍是待解之谜。永丰库遗址还有大面积的砖石庭院和路面。其中一条宽约 3 米的路用青砖铺砌而成,上有单菱形、双菱形的纹路,直通鼓楼城下。从发掘情况看,砌路用的砖头没有棱角,非常光滑,似乎是当时的一条主干道。永丰库东面墙基外的台阶,通下去是一条护城河,因为古时宁波有"子城四面被护城河包围"的记载。

永丰库遗址位于宋元地层。史料记载,宋元期间,这里是一座大仓库。元至元十三年(1276 年),建永丰库于宋代"常平仓"址。常平仓是政府粮仓,明初更名为"宏济库"。据考古专家介绍,宋朝政府颇有经济意识,在粮价偏低的时候,大量收购粮食,存放在粮仓中;等到灾荒年间,粮价暴涨之时,政府又将储存的粮食以平价售出。这样既保证了粮价的"常平",也解决了百姓的吃饭问题。

宁波是我国海运交通的枢纽城市之一,这一特点在永丰库遗址中鲜明地体现出来。这里出土了大量完整的陶瓷或碎片。最让考古专家惊叹的是,被发掘的十多个影青碟,竟整整齐齐地叠在一起,可见这里曾存放过大量货品。影青碟是福建建窑的特产,它的特点是白胎,质地疏松,花纹简单,以素色为主,虽然在观赏方面与浙江越窑烧制的瓷器有一定距离,但影青碟在宁波地区比较少见,只在永丰库被大量发现。除了建窑的影青碟,在永丰库遗址还出土了定窑、磁州窑、钧窑、越窑、景德镇窑、龙泉窑等近十个窑烧制的瓷器。这些窑遍布中原和华东地区。一个遗址出土这么多地方烧制的瓷器,确实少见。这也成为永丰库遗址参选"2002 年全国十大考古新发现"的一张王牌。

永丰库遗址以其完整的格局和丰富的堆积,展现了宁波当年商旅往来的兴盛景象与贸易管理的制度特征,也因此获得了诸多殊荣:全国十大考古新发现、全国重点文物保护单位、海上丝绸之路重要遗产点……

3. 市舶司

"(提举市舶司)掌蕃货海舶征榷贸易之事,以来远人,通远物。"[①]市舶司

---

① 《宋史》卷一六七《职官七·提举市舶司》。

是宋代以来管理海上对外贸易的官方机构,主要职能包括三个方面:一是对船舶货物进行抽解和博买。北宋一般征收货物的十分之一的入口税,叫抽解;收买其货物的十分之三,称博买。抽解和博买的商品大部分上交朝廷。市舶司的第二个职能是禁止民间私自贸易而由政府专卖。北宋时期,国家征收商品税并由国家专卖的商品就有乳香、象牙、珠宝等物资。市舶司的第三个职能是制发船舶出口证和检查物品。

宋太宗淳化三年(992年),设置在杭州的两浙市舶司迁至明州的定海,不久后移到明州城内。这是明州首次设置市舶司。淳化四年(993年),因两浙市舶司主管馆员张肃的上言,两浙市舶司由明州迁回杭州。

宋真宗咸平二年(999年),两浙转运副使王渭奉命考察杭州、明州两地市舶贸易情况,并建议只在杭州一地抽解。宋真宗没有采纳这一建议,而是下令在杭州与明州各设市舶司。自此以后,除了有很短一段时间的空白,明州市舶司在宋代海外贸易中一直占据着重要的地位。

宋神宗熙宁九年(1076年),给事中、集贤殿修撰程师孟上言,建议撤销杭州、明州两地的市舶司,仅就广州一地抽解。神宗令主管财政的三司商讨,并最终下令修改抽解条约,但并未采纳程师孟的建议而废除杭州、明州两地的市舶司。经过四年多的删修,广州市舶条例修改完成,两浙地区由转运副使周直孺兼提举市舶司,条例在杭州、明州两地推行。同年,朝廷更是明确规定,非明州市舶司发船至高丽、日本以违制论。

南宋高宗建炎元年(1127年),两浙路、福建路市舶司并归转运司,并将当时所有的钱谷、器皿等数目上报尚书省。建炎二年(1128年),尚书省上言:两浙、福建两地撤销市舶司后,"土人不便,亏失数多"。朝廷因此恢复两路市舶司的设置。绍兴元年(1131年),温州设置市舶务,明州市舶务仅下辖明州、台州两处。绍兴二年(1132年),两浙路提举市舶移到秀州华亭县(今上海松江),杭州、明州两地保留市舶务。

宋孝宗乾道二年(1166年),有大臣上奏,认为"祖宗旧制,有市舶处知州带兼提举市舶务,通判带主管,知县带监,而逐务又各有监官",而"两浙路惟临安府、明州、秀州、温州、江阴军五处有市舶","市舶置司,乃在华亭。近年遇明州舶船到,提举官者带一司公吏留明州数月,名为抽解,其实搔扰……今福建、广南路皆有市舶司,物货浩瀚,置官提举,诚所当宜。惟是两浙路置官委是冗蠹",因此诏罢两浙路提举市舶司,明州等地"抽解职事委知、通、知县、监官同行检视而总其数,令转运司提督"。① 也就是说,明州市舶务依然存在,但专职官员随之撤销。宋理宗年间,知庆元府在给朝廷的札子中提出:"惟市舶一司,自乾道二年因臣僚奏罢提举市舶专官,且言祖宗旧制,有市舶处,知州带提举市舶,通判带主管官。当时已降指挥,委知通同行检视,漕司提督,令漕司令倅为主管官,专出纳之任。"② 直至南宋灭亡,庆元地方官兼管市舶务这一状态一直没有改变。

宋宁宗庆元六年(1200年),庆元府通判赵师岩重修孝宗乾道年间由知明州赵伯圭所建的来远亭以检查商舶。理宗宝庆二年(1226年),知庆元府胡榘上尚书省札子要求减轻关税、改革市舶弊端。同年,通判蔡范重修来远亭,并更名为"来安",《宝庆四明志》编纂者之一方万里撰写了《来安亭记》以记其事。第二年,即宝庆三年(1227年),因市舶务年久倾圮,胡榘捐资,由蔡范重建,并作《市舶司记》。绍定元年(1228年)一月,市舶务前门被焚毁,次月重建,蔡范作《新记市舶司记》。

蒙古灭南宋之后,元廷于接管临安的第二年(1277年)就在庆元府设置了市舶司,延续宋代以市舶司管理海外贸易的历史。

明代,受海禁的影响,宁波的海外贸易管理屡废屡置,合计被关闭60多年。但是由于勘合贸易的繁盛,宁波的市舶提举司依然承担管理海外贸易的重要职能。

清代延续以海禁为主的海外贸易政策,对外贸易的管理机构则由康熙二十四年(1685年)设置的浙海关承担。

从市舶司到市舶提举司,再到浙海关,宁波的海外贸易管理机构随着海上丝绸之路不断演变,但宁波一直承担着相应的管理职能,这证明了宁波在海上丝绸之路发展历史中的独特地位和重要作用。③

4.浙海常关

浙海关是我国最早的初具现代海关职能的机构,是鸦片战争后中国丧

---

① 《宋会要辑稿》职官四四。
② 《宝庆四明志》卷第六《叙赋下·市舶》。
③ 莫意达:《王朝的海关:市舶司与"海上丝绸之路"》,https://www.nbmuseum.cn/art/2016/9/1/art_47_16597.html,2016年9月1日。

权辱国的历史见证。目前,浙海关整体建筑框架基本完好,建筑风貌依旧。建筑本身具有较高的历史、艺术和科学价值。1983 年 9 月,浙海关被宁波市江北区人民政府认定为区级文物保护单位。2005 年,浙海关与第三批省级文物保护单位宁波天主教堂合并,公布名称为"江北岸近代建筑群"。

宁波最早建海关是在康熙二十四年(1685 年),其有着特定的历史背景。早在明代,朝廷实施海禁,其间沿海走私贸易十分猖獗,舟山岛南部的双屿港就是海盗经常出没的地方,嘉靖年间这里更成了沿海奸商勾结倭寇进行海上走私贸易的巢穴,而且走私贸易一直扩展到定海大猫岛。清顺治十八年(1661 年),郑成功收复台湾,朝廷再度实行海禁,这次海禁主要是为了阻遏郑成功,朝廷迫令江、浙、闽滨海民户迁入内地三十里并严禁出海捕捞。于是,府属各县滨海民户不得不离田园、废庐舍,流离失所。康熙二年(1663年),朝廷进一步加强海禁,重申商船、渔舟不许一艘下海的禁令。直到康熙二十三年(1684 年),清政府收复了台湾,肃清了沿海的敌对势力,这才开始解除海禁,颁布"展海令",准许沿海居民迁回原地,并准许浙江商民照福建、广东之例下海捕鱼。但规定只有 500 石(1 石为 60 千克)以下的船只才可在海上贸易和捕鱼,而且必须申报地方官备案,即出海前必须履行登记、具保、领票、烙号等手续。违反规定者要受到严惩,重则发配边远地区充军。为了加强监督,朝廷还在江、浙、闽、粤等沿海地区建立海关,设置满族、汉族监督官各一人,严加查防。这可能就是中国近现代海关的历史渊源。

宁波早自唐代起就是我国对外贸易的重要港口,是中国海岸线上的重要门户之一,所以,清廷颁布"展海令"后设立的第一批海关中就有宁波。康熙二十四年(1685 年),宁波海关正式设立,即浙海关。同时,将明朝的钞关(清代时也称榷关,我国古代海关的名称)改为海关验关的关口,即浙海常关,就设在与外滩隔江相望的包家道头,往来商舶都要在这里验税通关。包家道头就位于庆安会馆的南面,也就是现在的常关弄。据说这里是包玉刚的祖先泊船的地方,因此得名。至今,老宁波人还称之为"包家道头"。浙海关的建立结束了近一千年以市舶司作为海洋管理机构的历史。

浙海关设监督一员,笔帖式一员,由宁波府知府、同知、通判及宁绍道台管理。人员不多,效率不低。史料记载,到雍正七年(1729 年),浙海关总税额 89600 余两,比康熙时期增加了两倍多。乾隆三十四年(1769 年),浙海关总税额 97000 余两,其中宁波关额为 21240 两,占浙海关总税额的 21.9%。由此可见,从康熙二十四年(1685 年)到道光二十二年(1842 年)的 150 余年间,主权在手的大清盛世时期,宁波海洋渔业保持兴旺与发达,过往船只密集且繁忙。光绪《鄞县志》卷二记载了宁波港口的繁盛景象:"鄞之商贸,聚于甬江,云集辐辏,闽人最多,粤人、吴人次之","滨江庙左,今称大道头(江厦码头),凡番舶、商舟停泊,俱在来远亭至三江口一带。帆樯矗竖,樯端各立凤鸟,青红相间,有时夜燃樯灯。每遇广船初到或初开,邻舟各鸣钲迎送,番货海错,俱聚于此"。由于开辟了不少新码头,江东地价飙升,光绪《鄞县志》载胡德《过甬东竹枝词》,描绘三江口盛况云:"巨艘帆樯高插天,桅楼簇簇见朝烟。江干昔日荒凉地,半亩如今值十千。"①

　　但是,鸦片战争以后,情况发生了变化。宁波开埠后,西方各国的洋船、洋货、洋人一拥而入。面对外国人混居杂处的局面,宁波的地方官员深感不安,于是,还没等外国人提出要求,便主动在江北岸划出一块"城外之滩"给外国人做居留地,并在宁波城外的三江口北岸专门建立一个码头区,用来停泊洋船、经营洋货、处理洋务。于是,这块"城外之滩"便成了"外人之滩",这就是今天的宁波老外滩。从当时的实际情况看,宁波的这块"外人之滩"的管理权仍然掌握在宁波官府的手中。江北岸地理位置优越,从这里可以经陆路直达镇海、慈溪、余姚,又可以从慈溪、余姚直通内地,十分有利于港口形成和进出口货物的集散。同时,江北甬江沿岸有大片尚未开发的空地,美英等国的洋行首先出现在江北岸,旗昌、逊昌、源昌、广源等纷纷建立起来。这些洋行以经营鸦片为主,附设洋药栈(鸦片仓库)、住宅楼房等,也经营其他的洋货。于是,停靠在江北岸的船舶越来越多,江北岸的贸易逐渐兴旺起来。

　　到了咸丰十一年(1861 年),由于清政府的软弱无能,中国的海关(总税务司)行政主权基本丧失,由外国人掌握的总税务司实际上已经成了维护和代表西方国家共同利益的国际机构。尤其是到了罗伯特·赫德(Robert Hart)代理总税务司时,外籍税务司制度被推行到新开各埠。于是,咸丰十一年(1861 年),镇江开关;接着,津海关(天津)设立;其后,福州、烟台、汉口、

---

① 温尔平:《话说浙海常关》,《鄞州史志》2017 年第 3 期。

九江、厦门、淡水、打狗（高雄）等设立新关。到同治二年（1863 年），除牛庄和琼州外，不平等条约规定开放的其他各口岸都开设了新关。

宁波新海关于咸丰十一年（1861）建成，因为是洋人把持，俗称"洋关"，江东原海关则称浙海常关或旧关。从此，浙海常关繁荣不再，江东的帆船码头时代结束了。江北浙海关建成后情形也不乐观：轮船码头时代开启后，贸易额从开关当年的 50 万元逐年减少，5 年后降至 5 万元。1945 年抗战胜利后，转口税停征。宁波直接对外贸易不多，税收很少，只做些对货物进行查验的工作。

5.英国领事馆

宁波英国领事馆建于清朝光绪六年（1880 年），旧址位于现在的江北区白沙路。

19 世纪 30 年代末，英国向中国大量输入鸦片，罪恶的鸦片贸易让英国人的东印度公司、英属印度政府及鸦片贩子获得暴利。道光十九年（1839 年），清朝钦差大臣林则徐奉旨禁烟，并于六月进行了震惊中外的虎门销烟。道光二十年（1840 年），英国侵略者发动了鸦片战争，先后攻陷舟山、虎门、厦门、宁波、吴淞、镇江等地，并霸占香港岛。道光二十二年（1842 年），清朝政府代表耆英、伊里布与英国全权代表璞鼎查于南京江面上的英国"汗华丽"战舰上签署了中国近代史上的第一个不平等条约——《南京条约》。一纸屈辱的《南京条约》铸成"五口通商"的事实，清朝政府开放广州、福州、厦门、宁波、上海等五处为通商口岸，指定宁波江北岸一带为外国人通商居留地，英国派驻领事，建英国领事馆，准许英商及其家属自由居住。道光二十三年（1843 年），英国当局派领事罗伯特·汤姆（Robert Thom）随翻译一名驻宁波，设立"宁波大英钦命领事署"，俗称"大英公馆"，暂设于现在江北区槐树路杨家巷 1 号的一所民居里。道光二十四年（1844 年），宁波正式对外开埠，法国、美国等援引英国例，来宁波设立领事和副领事。普鲁士、荷兰、挪威、瑞典、日本等国也先后援引英国例，在宁波设立领事和副领事。英国公馆于光绪六年（1880 年）迁至白沙路 56 号，即现在领事馆旧址。

后因在宁波的英国人较少，侨务归上海英国领事馆兼管，1934 年 6 月，宁波英国领事馆撤销，英国驻沪领事遂将该房屋作价转让给当时的鄞县政府作救济院。新中国成立后,英国领事馆原有的领事官邸和工作人员住房等房屋被拆除,现仅存英国领事馆主楼(办公大楼)一幢,从新中国成立初期到现在,一直为中国人民解放军舟山警备区后勤部的一处营地。①

6. "小白礁Ⅰ号"沉船遗址

"小白礁Ⅰ号",一艘清代道光年间的外贸沉船,是宁波海上丝绸之路繁华的"亲历者"和"见证者"。

"小白礁Ⅰ号"沉船遗址位于宁波市象山县石浦镇北渔山海域小白礁畔水下24米深处,于2008年10月首次发现。经过近6年之久的水下考古工作,除了出水船体构件236件外,出水文物标本1064件,包含青花瓷592件、五彩瓷44件、紫砂2件、陶器15件、金属器73件、竹木器2件、石制品333件、砖块3块。按其用途大体可分五类:一是贸易商品,主要是青花瓷器,包括碗、豆、盘、碟、杯、勺、灯盏等,尤以青花瓷碗居多,也有少量五彩瓷盖罐;二是船员用品,包括紫砂壶、罐,釉陶壶、罐、缸,红陶盆,锡砚,盒,毛笔,木砚台底座,印章,等等;三是流通货币,包括清代"康熙通宝""雍正通宝""乾隆通宝""嘉庆通宝""道光通宝",日本"宽永通宝",越南"景兴通宝",西班牙银币等;四是船体配件和行船用具,包括铜螺栓、铜构件、锡构架、铅片、锌构件、测深铅锤等;五是石板材,初步鉴定为宁波鄞西特产"小溪石",这类货物既可在行驶中用于压舱,也可在到达后出售谋利。这些"重见天日"的珍贵出水文物,以及"小白礁Ⅰ号"沉船本身,都是海上丝绸之路在宁波持续辉煌的有力见证,具有十分重要的历史、艺术和科学价值。

发掘情况表明,"小白礁Ⅰ号"为一艘沉没于清代道光年间(1821—1850年)的远洋木质商船,船体残长约20.35米,宽约7.85米,虽经百年沧桑,现仍保留龙骨、肋骨、船壳板、隔舱板、铺舱板、桅座等,造船用材主要品种有石梓、龙脑香、娑罗双、佩龙木、铁线子和芳味冰片香等,这些木材大多产自马来西亚、菲律宾、缅甸、越南、泰国等热带地区。研究情况表明,"小白礁Ⅰ号"沉船既具有水密隔舱、舱料捻缝、铁钉连接船板等典型的中国古代造船工艺特征,也保留了密集肋骨为横向支撑、双层结构的船壳板内夹植物纤维

---

① 黄定福:《宁波近代建筑研究》,宁波出版社,2010年,第36页。

状防水层等一些国外的造船传统,被誉为古代造船技术中西合璧的首例实证。

"小白礁Ⅰ号"沉船的发现为探索研究清代中外贸易史、海外交通史、造船史等提供了重要的实物资料,证明了宁波在海上丝绸之路上的重要地位。

(六)城市建设

宁波城市的发展是逐水而居,因港而兴。从句章港到三江口,再到北仑港,宁波港口的每一次变迁,就意味着向大海更靠近一步。海港、河口港、内河港三港合一,成为宁波城市的基本特征和价值核心。宁波及其腹地的建设贯穿海上丝绸之路宁波历史的全过程,留下了大量的文化遗产。

1.它山堰

2001年12月8日,宁波举办首届海上丝绸之路文化周,揭开了宁波海上丝绸之路申报世界文化遗产的序幕。在2012年召开的全国世界文化遗产工作会议中,中国大运河、海上丝绸之路被国家文物局列入更新的《中国世界文化遗产预备名录》中。其中,海上丝绸之路(宁波段)的历史遗存丰富,有10项具有代表性的文化遗存(包括它山堰遗产点)已被列入《中国世界文化遗产预备名录》。

在唐代以前,宁波由于"际海带江",江与海潮相接,咸水既不可食,也不能灌溉农田。靠近海边的一大片盐碱地无法种植作物,农民的生活生产用水也有不少困难。为了抗御咸潮,防止水旱灾害,就需要修建水利工程。唐代大和七年(833年),王元暐用传奇的鄞县它山石在鄞江章溪上筑坝,引樟溪水入南塘河,经洞桥、横涨、北渡、栎社、石碶、段塘,过南城甬水门,注入日、月两湖,作为城内居民饮涤和消防的淡水资源,再出东门的水门,排入甬江。这道清凉的淡水,可以说是重塑宁波的大作,标志着宁波新的生态文明的开始;是这道使漳溪涝时七分入江、三分入溪,旱时七分入溪、三分入江的智慧大坝,让宁波城站稳了在三江口繁衍生息的脚跟。这座改变它山的堰坝,改变了四明大地,完成了缔造宁波城市最为基础的一项工程,成为中国文明史的重要标记。近年在上游修建了皎口水库,它山堰的蓄淡功能、灌溉作用已经被取代,但它山堰的"风华"犹存,至今仍是泄洪、阻咸的"主力军"。

它山堰经过宋、元、明、清和民国时的多次修理、疏浚、增筑,工程更加完善。离它山堰西北约 50 米处,至今仍存着宋淳祐二年(1242 年)郡守陈垲建造的回沙闸。该闸当时为防流沙阻塞河道而筑,今尚存石柱四根,镌有"则水尺"和"回沙闸"六个大字,边上刻有水位尺度。另外两个重要的附属工程:一为南宋宝祐年间制置使吴潜建造的洪水湾石塘;二是明代嘉靖三年(1524 年)建造的角尺形的石塘——官池塘,既能泄洪,又能阻沙入江,并抬高水位引水入小溪。

它山堰是我国一项杰出的水利工程,规模宏伟,建制精密,结构完整,与郑国渠、灵渠、都江堰合称为中国古代四大水利工程。1988 年,它山堰被列为全国重点文物保护单位。2015 年,它山堰入选世界灌溉工程遗产名录。

2. 天一阁、月湖

天一阁是我国现存最为古老的藏书楼,也是世界上现存最为古老的藏书楼之一,素负"南国书城"的盛誉。现藏古籍达 30 余万卷(件),其中珍椠善本 8 万卷,尤以明代地方志和科举录最为珍贵,是宁波藏书文化的象征,是四明文献之邦的缩影。天一阁创建于明嘉靖四十年至四十五年(1561—1566 年),为明代兵部右侍郎范钦的藏书楼。清康熙四年(1665 年),范钦的曾孙范光文在书楼前后堆筑假山,环植竹木。1933 年,地方人士筹款维修天一阁,把孔庙(府学)内的尊经阁,连同当地保存下来的一批历代碑刻,迁建天一阁后院,命名为明州碑林。1994 年建立天一阁博物馆。

范钦(1506—1585 年),鄞县人,字尧卿,号东明,以号名居室为东明草堂。他是嘉靖时进士,曾任江西、云南、河南、广西、广东、陕西、福建等地知府,按察使,工部营缮郎。嘉靖三十九年(1560 年),升任南京兵部右侍郎。同年十月,辞官归里,时年 55 岁。范钦一生爱书成癖,在官位上,每到一地,留心搜集当地古籍,遇孤本难以买到的,就雇人抄录。对于经、史、子、集,他兼收并蓄,尤注意当代地方志和科举题名录。归里后于其宅东月湖深处构楼六间以为藏书之所。天一阁的藏书能够保存至今,考其根本,与范氏定下的种种规矩密切相关。范钦在世时,即作出了"烟酒切忌登楼"的规定,以防不慎失火。范钦逝世后,其长子范大冲又定下了"代不分书,书不出阁"的规矩。自此藏书归子孙后代共有,形成了与家族共有制相适应的管理方式。范氏呵护藏书,代代相传,为中国古代文化的承袭发展作出了卓越贡献。清乾隆三十八年(1773年)诏修《四库全书》,向全国各地采访遗书。范钦八世孙范懋柱进呈天一阁藏书638种,为乾隆所倚重。《四库全书》修成,乾隆特命杭州织造寅著察看天一阁,开明丈尺,绘图呈览。后为庋藏《四库全书》而建的文渊、文源、文津、文溯、文汇、文澜、文宗七阁,均仿天一阁形制,遂使天一阁名满天下,誉盛海内外。

天一阁藏书中,有记载日本、朝鲜、越南、柬埔寨、琉球、西洋诸国国情的著述20余种,这些书后来成为乾隆时期纂修《四库全书》的重要来源。明清以来,天一阁刻印、收藏的书籍也以不同方式流散至日本、美国等国的藏书机构,客观上促进了书籍交流和文化传播。在清末"师夷长技以制夷"的文化氛围下,大量西方图书进入中国,清末民初的宁波私人藏书家也收藏了大量西方图书,而这些西方图书最终又由藏书家捐赠进入天一阁,成为天一阁的重要收藏,为研究"海上书籍之路"提供了大量的实证资料。

如果说天一阁体现了士大夫藏书守道的文化,那么月湖体现了近千年中国士大夫完整的文化生活和高雅的精神追求。

月湖不仅是宁波的文脉集聚地,也是宁波的商脉汇聚地。宁波是中国大运河和海上丝绸之路唯一的衔接城市,是海外商贸往来的中转站。南宋时期,宁波成为当时的三大港口之一。宁波以密集的运河为运输渠道,运送大量的丝绸、茶叶和瓷器出口海外,这使宁波成为南方的经济重镇和文化中心。海上丝绸之路的发展带动了宁波民间经贸的繁荣,也让中国古代处于社会底层的商贾更有自信,因为他们可以通过经商来实现自己的人生价值。后来,黄宗羲等学者主张"工商皆本",反对"重农抑商",这些思想不仅深刻影响了宁波学者与民众,而且促进了经济的发展与繁荣。

宁波作为当时海上丝绸之路的起点城市之一,兼具与外国沟通往来的功能。月湖也是当时的"使馆区",修建有高丽使馆和驿站,专门用于接待外宾。海外来客如日本遣唐使、遣宋使、遣明使等来到中国后,大部分会在宁波停留。例如,日本画家雪舟就曾到访过宁波,他不但与当时的文人雅士、官员等交情深厚,更在禅宗五山之一的太白山天童寺得到禅堂首座的名誉。雪舟的作品广泛吸收了中国唐代及宋元绘画的风格,他曾画《宁波府图》,其中的景色就有他曾经逗留过的月湖湖心寺。月湖在海上丝绸之路上成为中国文化传播的起点,也成为东方文化向欧洲与东亚输出的起点。而五口通商之后,月湖见证了西风东渐,大量西式学校、建筑兴起。新文化运动时期众多干将从月湖走出,如北大著名的"一门五马"。月湖是当时中国开风气之先的区域之一。

(七)军事防御

"浙江东南境濒海者,为杭、嘉、宁、绍、温、台六郡,凡一千三百余里。南连闽峤,北接苏、松。自平湖、海盐西南至钱塘江口,折而东南至定海、舟山,为内海之堂奥。自镇海而南,历宁波、温、台三府,直接闽境,东俯沧溟,皆外海。"①浙东海岸线长,岛屿星罗棋布,战略地位重要,历来海防战争频繁。自公元14世纪特别是近200年来,主要经历了抗倭、抗英、抗法、抗日等重大战争。② 15世纪以后西方列强的东进和倭寇在沿海地区的频繁骚扰,给海上丝绸之路带来了战争和硝烟。在这一历史时期,宁波先民奋起反抗,保卫家园,表现出不畏强暴的反抗精神。明清时期卫所、烽火台、城墙等遗址,反映了宁波军民抗击倭寇骚扰和西方侵略的信心。

1.镇海口海防遗址

镇海素有"海天雄镇""浙东门户"之称,历史上是浙东的海防要地。早在南齐武帝永明四年(486年),浃口已有驻军,称浃口戍。唐代设望海镇。至唐宪宗元和十四年(819年),因望海镇俯临大海,与新罗、日本靠近,为海疆重镇,朝廷将其从明州划出,升格直隶浙江东道。

自明中叶以来,镇海先后经历了抗倭、抗英、抗法和抗日等闻名中外的抗击外来侵略的自卫战争,在镇海口留下了许多可歌可泣的英雄事迹和海防遗址。明朝中叶,倭寇勾结不法商人,接连不断地侵犯江苏、浙江、福建、广东等地,到处攻城劫寨、杀人放火、奸淫掳掠。倭寇的侵扰,激起了浙江军民的强烈反抗,明朝政府派重兵征剿倭寇,名将卢镗、俞大猷、戚继光先后驻守镇海,在招宝山建威远城,并多次与倭寇鏖战于甬江南北,威震海疆。第一次鸦片战争期间,舟山失陷,镇海成为抗英的前哨阵地,著名的抗英将领葛云飞曾负责镇海的防务,杰出的民族英雄林则徐和钦差大臣裕谦莅镇督

---

① 赵尔巽等:《清史稿》志一一三。

② 孙梅生、蔡体谅:《浙东的海防战争和海防文化》,《宁波通讯》2007年第9期。

战,爱国军民同仇敌忾,血战英军,民族气节光照日月。中法战争时期,法国远东舰队司令孤拔率舰队侵犯镇海口,浙江巡抚刘秉璋、浙江提督欧阳利见、绍兴台道薛福成等亲率大军筑防御敌,守备吴杰亲操大炮炮击法舰,重伤法军司令孤拔,迫使法军败退,使法舰北上骚扰威胁京津的企图破灭。在中法战争镇海战役中,镇海军民数战皆捷,取得了重大胜利,在近代中国反侵略斗争史上写下了光辉的一页。抗日战争中,镇海军民曾多次击退日军的进攻。1940年7月17日,日本侵略军从镇海城关和现北仑的小港两翼登陆,镇海爱国军民在招宝山、戚家山等地与日本侵略军激战,击毙、击伤日军400余人,使敌仓皇退败。在这片英雄的土地上,一代又一代爱国志士,用自己的血肉,凝聚成不畏强暴、抵御外侮、自强不息的民族精神,为后人留下了一部生动形象的"爱国主义教材"——镇海口海防遗址。

现存镇海口海防遗址共有30多处,主要分布在以招宝山为轴心的2平方千米范围内。在镇海口北面现存的主要海防遗迹有浙江军民抗倭的重要史迹威远城、月城、安远炮台、烽堠、明清碑刻以及后海塘遗址等。其中,后海塘遗址城塘合一,既能挡住海潮冲击,又能抵御外敌入侵。城塘是用大块石板条石构筑而成的夹层塘,气势宏伟,蜿蜒千余米。在镇海口南面,现存的主要海防史迹有金鸡山顶瞭望台、靖远炮台、戚家山营垒等。如此集中的海防遗迹,在全国是罕见的。它们既是我们的先辈用血肉之躯铸成的历史丰碑,同时也记载了外国侵略者的累累罪行。

在甬江口两岸,至今保留了众多的海防历史遗迹:北岸招宝山之巅有明抗倭城堡——威远城以及月城、安远炮台、吴公纪功碑亭、明清碑刻等;山下有中法战争镇海之役胜利纪念碑、裕谦殉职处、镇海楼等。南岸有以金鸡山为中心的山顶瞭望台及督师御敌处、宏远炮台、戚家山营垒等。镇海口海防遗址是中华民族热爱祖国、不畏强暴、抵御外来侵略的历史见证,是中华民族宝贵的精神财富。

2. 大嵩所城

大嵩,地处鄞州东南,象山港畔。大嵩所城建于明洪武十六年(1383年),是为了防御倭寇侵扰而筑的军事设施。设有东、西、北三处城门。城门为拱券形。有内门、外门两道,由正规石板砌造。城墙四周筑有护城河,全城周围约 2.5 千米。城墙后屡遭自然和人为的破坏,至今东城门只留遗迹可辨。在村北凤凰山上,残留一段 700 余米的城墙,高 7 米,厚 5 米。依山起伏,高低不平。顶部多处坍塌,并有缺口,但蜿蜒不断,依然壮观。这段城墙对研究明代军事设施有一定的史料价值。所城城墙周长 2.5 千米,东西直径 0.2 千米。又立 4 扇圆拱石门,东、西、北各开双道城门,并有转角瓮城,南门以山为堡,设烽堠,外架吊桥,开水门一道,墙垒坚石,城堞数座。

作为所城的大嵩,其规模虽不能与宁波府(郡)城相比,然"麻雀虽小,五脏俱全",历时十余年,大嵩所城的规模已形成了"十庙九庵七十二井"的格局。位居所城中心的城隍庙,是一种象征和标志。城隍庙共有前后三进,大门外有一对旗杆和照壁。照壁和旗杆之间有个广场,地面为石板铺就,是全所城居民逢年过节举行民间娱乐活动的场所。每每此时,江湖艺人便拉开场子,如变戏法、打街拳、耍猴子和卖唱的等,观者如堵。东城门上墩的关圣殿,西城水门桥墩的财神殿,寄托着人们对历代英雄的敬仰之情和对美好生活的向往。关公殿坐落在东门瓮城内山坡上,拾级而上,有戏台、大殿,只见殿中供奉着关公、周仓和关平三尊塑像。门口水池旁的文昌阁,三间开面,虽非楼房,但屋面很高,四围飞檐,风格简约,是明代建筑。西城南面的三官堂,供奉着三官菩萨。所谓三官,即天官、地官、水官。庙后的马王庙、仓侯祠,西门城口的土地祠,北门小校场的萧王祠,东街南首的溪隐寺,大嵩桥旁的江宁庙、玄静庵,大嵩岙的清华庵、甘露庵、太平庙,还有北门外的珠山寺、恤孤亭等,在大嵩的土地上星罗棋布。

值得一提的是大嵩西城门旁的汤和祠。汤和精通用兵之道,曾协助朱元璋南征北战。洪武三年(1370 年)被封中山侯,洪武十三年(1380 年)封信国公。由于东南沿海倭寇侵扰频繁,本可安享晚年的他,毅然受命主持谋划抗倭大计,动员征调沿海百万军民修筑工程浩大的卫城、所城,屯兵御敌。出于对汤和一生为人、功绩的敬仰和追忆,大嵩人民立祠祭祀,并把他当作大嵩所城和万里海疆的保护神。

随着所城规模的日臻完善,所城的居民也逐渐增多。当年城中居民1000 余户,多为古代驻军武官的后裔,所以姓氏繁复,但以张姓为大族,当时便有"张半所"之称。其余有陈、汪、林、刘、尹、桑、邱、徐、紫、贾等姓,举不胜举。由于姓氏的复杂,大嵩城的祠堂也特别多。张氏宗祠有两处,分别建在城隍庙的东西两侧,称孝、悌两房。十字街有汪氏宗祠,北门街有陈氏宗祠,西门街中段北侧有尹氏宗祠,西北面城墙脚下有刘氏宗祠,南门城下有林家宗祠,第九河北面有桑氏宗祠,东城门外有徐氏宗祠……与此同时,民生所需的各种店铺也应时开张。笔直的东、西、南、北街衢畅通了,当年按十八指挥姓氏命名的十八条里弄错落有致,七十二口水井夹着街河、池河分布全城。民房鳞次栉比,街坊井然有序。这些建筑布局严谨,构思奇特,造型精巧,结构匀称,工艺精湛。其中的壁画、浮雕栩栩如生,楹联、石刻龙蛇走笔;风格各异的牌楼、石坊、亭台、碑刻等景观风物点缀有致,当时社会所传承的文化和崇尚的理念几乎都陈列于此了。这些建筑既是石头书写的文化,又是石头书写的历史,它把大嵩这座所城的人文和军事融合做到了极高的程度。

(八)非物质文化遗产

朱金漆木雕、骨木镶嵌、金银彩绣等国家级非物质文化遗产,甬式家具、竹器等传统手工技艺,以及民间文学、民间工艺、民间饮食、民间茶道、民间中医、民间信俗等,都曾在对外交流中发挥关键作用,呈现出顽强的生命力。

1.石刻技艺

在中国石刻史上,东钱湖南宋石刻在规模、数量、艺术水准、分布集中度、保存完好性等诸方面罕有其匹。东钱湖周边地区是南宋最重要的四位宰相——史浩、史弥远、郑清之、史嵩之的墓园所在地,他们的政治生涯,几乎涵盖了南宋的高宗、孝宗、光宗、宁宗、理宗五个时代,这恰恰是南宋历史上最重要的五个时代。这四位宰相都是宁波人,其中三位史姓宰相,是同门祖孙三代。在南宋 152 年历史中,史氏家族前后有 70 多人葬于东钱湖一带,他们生前钟情于东钱湖山光水色,死后在湖畔留下了众多的墓道石刻。800 年历史变迁,治乱交替,隐藏在山林田野中的石刻遭受风吹雨淋的自然侵蚀和人为的盗掘破坏,好在大部分得以保存下来。[①] 据初步统计,分布在上水、下水、韩岭、横街、福泉山等地的墓道石雕共 30 余处,计 180 余件,所遗存石雕中,数量最多的是墓前石刻造像。其中以上水村下庄黄梅山下南

---

① 　鲍贤昌、陆良华:《探寻古鄞》,宁波出版社,2012 年,第 315 页。

宋丞相史嵩之祖父史渐墓前的石刻造像最为完整，文臣武将、虎马石兽两两相对，艺术精湛。

约1300年前的日本奈良时代，日本与唐建立正式的朝贡关系，日本遣唐使船经常把宁波、温州、台州等港口作为船只的到达地。“成寻（1011—1081年）、重源（1121—1206年）、俊芿（1166—1227年）等众多日本僧人纷纷从宁波上岸。同时，佛教经典、佛像、佛画等各种佛教用品，陶瓷器、漆器等器皿，还有茶叶、豆瓣酱等饮食文化，从宁波传到了日本。比如，重源在1168年入宋后，曾到天台山、育王山巡礼，回国时带去宋版《大藏经》、净土宗五祖像，并输入中国天竺式建筑样式，运去大批漆、丹彩、石料等建筑材料，聘请宁波陈和卿等著名工匠，负责重建奈良东大寺。而东大寺的石狮子是重源于建久七年（1196年）委托中国石匠打造的。”①

东大寺的石狮子矗立于南大门北侧，面北背南，入口处各一尊。其中，东边狮像高1.80米，西边狮像高1.60米，分别被安置在高约1.40米的华丽底座上。两座雕像的实际高度均已超过3米，甚是宏伟。其上下配有莲瓣，下端刻有隅撑的脚台，底座基台雕有复杂的云纹图样。《东大寺造立供养记》记载：“若日本国石难造，遣价值于大唐所买来也，运赁杂用等凡三千石也。”这说明日本本土石材很难雕刻，因此特意从中国买来石料造雕像。《东大寺造立供养记》还记载：“建久七年，中门石狮々、堂内石胁士、同四天像，宋人字六郎等四人造之。若日本国石难造，遣价直于大唐所买来也。”据此可知，建久七年（1196年），来自中国的“六郎”等四人，造了东大寺南大门两侧的石狮、佛堂内的石胁侍菩萨和四天王像。此处的“六郎”，是排行的称呼，并非真名。而这四人中，能够证实其真实姓名的也只有这位“六郎”，即明州工匠伊行末。

伊行末的活动痕迹多见于日本历史遗存，奈良县宇陀市大藏寺层塔，造于延应二年（1240年），十三重石塔，四面重檐无纹饰。塔上铭文刻有“大唐铭州伊行末”等字，这里的“铭州”即是“明州”。也就是说，伊行末是宁波人。东大寺法华堂（三月堂）门前，安置有一件由伊行末施与的石灯笼，灯笼上铭文显示为建长六年（1254年）。在东大寺重建过程中，伊行末修筑大佛殿石

---

①　涂师平：《羽人竞渡》，宁波出版社，2014年，第185页。

坛、四面回廊等,功劳卓著,被特授"权守"(官位)一职,为此,伊行末布施石灯笼一座。伊行末完成东大寺的援建后,携家眷在日本定居。伊行末去世后,"后人继承其石刻风格,光大他的事业,活跃在镰仓南都一带,形成了个性鲜明的伊氏石刻流派,成为日本石刻工艺史上赫赫有名的'伊派',同时也是另一石工名流大藏派的鼻祖。伊派石造物代表人物,除始祖伊行末、二代传承人伊行吉外,此后还有末行、行经、行恒、行长、行元等人。他们雕刻的石塔、佛像、经幢等石刻品,至今仍具独特魅力"[①]。

根据相关研究,东钱湖南宋石刻的文官、武官及各种动物造型精美,石刻所用的石材,是略带紫红色的梅园石,与奈良东大寺南大门北侧的两座石狮子所用石材极为相似。另外,日本学者在研究"萨摩塔"[②]时发现,鹿儿岛县内所存的5座萨摩塔、长崎县平户市和福井县久山町的8座萨摩塔及4座宋代样式的石狮,均为与梅园石相同的石材。除了石材的产地以外,东大寺石狮子的雕刻方式以及底座的纹饰等,与12—13世纪同期的宁波石刻极为相似,两者的工艺一脉相传。石狮台座侧面雕刻的卷云、牡丹、莲花、鹿等精美纹饰,均可在宁波遗存的南宋石刻中找到具有相同特征的实物。大量研究进一步表明,石狮子的牡丹纹与宁波天童寺的石刻图样相似。京都涌泉寺的无缝塔酷似宁波阿育王寺的无缝塔。这些都可以说明,日本中世纪石刻技术的源头在宁波。[③]

2. 朱金漆木雕

1973年,河姆渡出土的木胎红漆碗证明木雕加漆的工艺早在7000年前就已出现。据史料记载,宁波朱金漆木雕源于汉代雕花髹漆和金箔贴花艺术,唐宋时期主要用于官府、宫殿、寺庙和皇室册封的亭阁等。随着明清时期等级制度的相对宽松,民间的祠堂、家庙的门窗梁柱逐渐出现漆木贴金。清末和民国时期,朱金漆木雕的应用范围空前广泛。宁波城内官宅银台第、

---

① 李广志:《明州工匠援建日本东大寺论考》,《宁波大学学报(人文科学版)》2010年第5期。

② 萨摩塔,是一种小型供养塔,以壶形塔身为显著特征。萨摩塔形制、造像与纹饰的个体差异较小,应是特定时段的产物。关于萨摩塔所属年代,目前学界较为一致的看法是13世纪。

③ 涂师平:《羽人竞渡》,宁波出版社,2014年,第185页。

钱业会馆、庆安会馆等建筑装饰都采用了朱金漆木雕,而神庙赛会、民间集市、嫁女娶妻的"十里红妆"、千工床、万工轿等各种门类的朱金漆木雕制品也层出不穷。新中国成立后,朱金漆木雕经历过衰落,但在政府的帮助和扶持下,逐渐得到恢复和传承。2005 年,朱金漆木雕被列入首批国家级非物质文化遗产保护名录。

由于唐宋时期的礼制规定,贴金漆朱只有皇亲国戚及名官大臣的府宅、官寺、皇帝封赐的道观及法具、神佛造像可以应用。明清时期,朱金漆木雕技艺广泛应用于日用器具、民俗会器、室内外陈设等领域,沿着海上丝绸之路往来于宁波与日本,成为宁波与日本文化交流的历史见证。①

唐宋时期,阿育王寺、天童寺等已成为寺境宽广的海内外名刹,其间造像和殿堂建筑已多为朱金漆木雕工艺。高僧鉴真在唐天宝二载(743 年)第二次东渡日本时,船到明州遭遇风暴,滞留于阿育王寺。其间,他曾实地研究和考察寺内佛像、建筑及漆艺。天宝十二载(753 年),鉴真渡日成功,住奈良东大寺。此寺为日本奈良朝第一名寺,鉴真于天宝十四载(755 年)在该寺讲堂塑造千手观音像。日本天平胜宝八年(756 年),日本圣武天皇遗物向大佛献纳,有佛百铺,卢舍那佛,观音一铺,纯金观音一躯作成。这些雕像工艺,有鉴真和他率领的明州、扬州雕塑师参与。

鉴真和他的弟子创建的唐招提寺,可以说是宁波工艺精华在日本的一大标志。唐招提寺内部的装饰采用的是宁波的朱金木雕,讲经大殿、舍利殿西北隅开山堂等的木雕风格,则与宁波阿育王寺相仿。寺内金堂和讲堂的佛像多由干漆塑制而成,也有采用泥金彩塑堆塑工艺的。卢舍那大佛坐像、千手观音菩萨像、药师如来佛像,这三尊古艺术品在制作过程中无一不渗透着明州工匠的心血和汗水。其中,卢舍那大佛坐像,是吸取了唐明州泥金彩塑与龙门唐代石刻造像工艺的长处,再综合工匠工艺手法塑制而成的。三尊佛像的泥金彩漆堆塑工艺,则全然出于明州雕塑师之手,并给日本佛塑艺术以深刻的影响。这些大都由明州传播过去的工艺美术、佛像雕塑和与建筑相结合的艺术,成了日本佛教古刹的一大特色。

---

① 丁洁雯:《从朱金漆木雕看宁波与日本文化交流》,《中国港口》2016 年第 1 期(增刊)。

为访雕刻造像名师，日本重源和尚入宋 3 次，妙典和尚入宋 7 次。明州佛像师陈和卿、伊行末等 7 人，在南宋乾道年间应邀到日本造佛。根据宁波市文广局 2003 年编印的《千年海外寻珍》图录，原藏日本法恩寺的朱金漆木雕释迦牟尼佛坐像，由日本入鄞僧人心地觉心于南宋嘉熙元年（1237 年）请鄞县佛像师沈一郎雕刻漆金之后带到日本，在佛像胎心有墨书记录。2009 年 7 月 18 日至 8 月 31 日，日本奈良国立博物馆举办了"圣地宁波——日本佛教 1300 年之源流"特别展览，其中便有 200 余件与宁波直接关联的历史文物。如朱金漆木雕杨贵妃观音，原称"杨枝观音"，原供奉于隶属明州府的普陀山，南宋绍定三年（1230 年），由日本京都泉涌寺开山俊芿和尚的弟子闻阳湛海从明州带回日本，保存在京都泉涌寺，现已列为日本国宝。

明清时期，朱金漆木雕技艺更加精湛，广泛应用于建筑、宗教造像、日用器具及民俗会器、室内外陈设等。《善邻国宝记》记载，明宣德八年（1433 年），皇帝曾赐予日本国王朱红漆彩妆戗金轿一乘、朱红漆戗金交椅一对、朱红漆戗金交床一把、朱红漆戗金碗二十个、朱红漆褙金宝相花折叠面盆架两座。《筹海图编》卷二列举的明朝时期输入日本并深受日本人喜爱的物品清单中就有漆器。《浙江通志》记载，明宣德年间，宁波泥金彩漆、描金漆器闻名中外。长崎崇福寺"第一峰门"，现为日本国宝，其碑文中明确介绍，峰门由鄞县人制作后解体运到崇福寺安装。木宫泰彦《日中文化交流史》也记载，宁波回赠日本贡品的地方土特产中有较多的朱金漆木雕家具，包括轿、椅、床、榻等。

3.金银彩绣

金银彩绣，又称"金银绣"，即以金银丝线与其他各色丝线一起，在丝绸品上绣成的带有不同图案的绣品。它是中国优秀传统手工技艺之一。

宁波金银彩绣艺术，与宁波其他著名的工艺品骨木镶嵌、朱金木雕、泥金彩漆一样，有着一脉相承的共同点，具有异曲同工之妙。宁波金银彩绣独具特色，它主要表现在不追求画面的写实和模拟自然，而在整体上追求华丽、厚重和装饰感，局部和细节上讲求排线、线块结合的针法。绣制题材以民间吉祥题材中的京班体、佛道神仙、吉祥神话故事传说以及珍禽异兽祥瑞的图案为主，底色也多用厚重的暗红、深蓝色、黑色等，显衬金银彩线的光泽,因此具有强烈的装饰性。金银彩绣的面料以缎为主,轻而薄的绢类织物也可以用。其主要辅料为布料、棉花和纱布等,用作胖绣的垫料,隐在丝线内。绣制中,彩色丝线和金银绣均有粗细,但金银线密密地"钉""包"在彩线绣表面,不直接用于刺绣。大型作品则用大型木绷,可以收放尺寸,容两人以上操作。绣制完成以后的绣品,须背部"上浆",使绣品不易走形。①

作为中国古代海上丝绸之路上著名港口,宁波一直在对外文化交流中发挥着重要作用,这些为金银彩绣对外传播和对外文化交流提供了发展契机。②

一方面,中外贸易发展促进了宁波金银彩绣技艺对外传播。海上丝绸之路在隋唐时运送的主要大宗货物是丝绸。借助中外交流的机会,唐代开始金银彩绣就传播到世界各地。天宝三载(744 年)鉴真东渡日本,其间曾居住在宁波阿育王寺,后来到日本,带去我国的木雕、漆器、彩塑佛像及金银彩绣千手佛等艺术品。金银彩绣千手佛至今仍被日本奉为国宝。据《鄞县通志》记载,在 1932 年,宁波刺绣品销售量达 1.5 万多件,产品远销东南亚,与苏绣、湘绣、蜀绣竞相争辉。

另一方面,中外文化交流中宁波金银彩绣技法得到了飞速的发展。宁波金银彩绣的制作工艺可分为网绣、包金绣、垫金绣三大类,这与粤绣中金银绣的手法有很多相似之处。粤绣刺绣手法最多,宁波金银彩绣在发展过程中部分吸收了粤绣精华。此外,日本在大量进口中国丝绸的同时,积极引进中国的桑种、蚕种和先进技术,这推动了刺绣手法的融合与创新。鸦片战争后,外国传教士进入宁波,带来了国外的绣花针法和样品,即所谓的"外国绷"。宁波的绣工把当地民间刺绣的传统技法和"外国绷"绣法巧妙地结合起来,用作服装装饰,使宁波绣衣别开生面、绚丽多彩、美不胜收。

4. 梁祝文化

梁祝文化是一项宝贵的文化资源,全国有 4 省 6 地(即浙江宁波、杭州、上虞,江苏宜兴,山东济宁,河南汝南)拥有遗存,以宁波市海曙区最为丰富。梁祝故事中为爱殉情的传说和始建于 1600 多年前的东晋梁祝墓及梁山伯

---

① 陈素君:《盛世华堂绣金银——宁波金银彩绣记》,《鄞州史志》2019 年第 3 期。
② 王巧玲:《宁波金银彩绣渊源浅谈》,《宁波广播电视大学学报》2008 年第 3 期。

庙遗址仍原貌保存于高桥,全国最早记载的梁祝故事是以宁波鄞州及浙东一带为地域背景产生的。

据载,梁祝在唐宋时期开始传入高丽古国。《十抄诗》是高丽王朝一部影响较大的七言律诗范本。该书收录了中晚唐时期的白居易、杜牧、皮日休、罗邺等 30 位唐代诗人(包括 4 位新罗人)的七律,每人 10 首,共 300 首。引人注目的是书中收录了浙江余杭籍著名诗人罗邺咏梁祝的七律《蛱蝶》全文如下:

> 草色花光小院明,短墙飞过势便轻。
>
> 红枝袅袅如无力,粉蝶高高别有情。
>
> 俗说义妻衣化状,书称傲吏梦彰名。
>
> 四时美尔寻芳去,长傍佳人襟袖行。

到了宋代,高丽人的《十抄诗》注本《夹注名贤十抄诗》不但收了罗邺的《蛱蝶》诗,而且在注释中加上了一段《梁山伯祝英台传》,这是至今看到的最早流传到国外的梁祝故事。《夹注名贤十抄诗》出版的时间大约在公元 1200 年。罗邺的诗本身反映了梁祝故事,而注本在注释中详细叙述了梁祝的完整故事:

> 大唐异事多祚瑞,有一贤才自姓梁。常闻博学身荣贵,每见书生赴选场。在家散袒终无益,正好寻师入学堂。云云。
>
> 一自独行无伴侣,孤村荒野意徘徨。又遇未来时稍暖,婆娑树下雨风凉。忽见一人随后至,唇红齿白好儿郎。云云。
>
> 便导英台身姓祝,山伯称名仆姓梁。各言抛舍离乡井,寻师愿到孔丘堂。二人结义为兄弟,死生终始不相忘。不经旬日参夫子,一览诗书数百张。山伯有才过二陆,英台明德胜三张。山伯不知她是女,英台不怕丈夫郎。一夜英台魂梦散,分明梦里见爷娘。惊觉起来静悄悄,欲从先返见父娘。英台说向梁兄道,儿家住处有林塘,兄若后归回王步,莫嫌情旧到儿庄。云云。
>
> 返舍未逾三五日,其时山伯也思乡。拜辞夫子登岐路,渡水穿山到祝庄。云云。
>
> 英台缓步徐行出,一对罗襦绣凤凰。兰麝满身香馥郁,千娇万态世

无双。山伯见之情似(迷),(始)辨英台是女郎。带病偶题诗一绝,黄泉共汝作夫妻。云云。

因兹相思病,当时身死五魂扬。葬在越州东大路,托梦英台到寝堂。英台跪拜哀哀哭,殷勤酹酒向坟堂。祭曰:君既为奴身已死,妾今相忆到坟旁。君若无灵教妾退,有灵须遣冢开张。言讫冢堂面破裂,英台透入也身亡。乡人惊动纷又散,亲情随后援衣裳。片片化为蝴蝶子,身变尘灰事可伤。云云。①

从这篇注文中我们可以看到梁祝传说中祝英台"女扮男装"、梁祝"同堂读书"、山伯"祝庄访问"及合葬等基本情节已完备。其中最有价值的就是祝英台衣裳"片片化为蝴蝶子"的情节。

梁祝故事为什么这么早就传入高丽?有学者认为,这与古代海上丝绸之路的发展密切相关,尤其是离不开宁波与高丽密切的经济、文化交流。早在春秋时期,中国与朝鲜已经通过海路进行广泛的贸易。北宋完成统一后,海上贸易兴盛,北宋与高丽王朝开展频繁的商贸交流和密切的文化交流。据《高丽史》载,1012—1278年,宋朝商人到高丽的有5000人之多,尤以浙、闽商人为众。当时明州是宋朝与高丽交往的最主要口岸。徽宗政和七年(1117年),宋朝廷专门在明州建造高丽使馆,用于办理去高丽的准许证,接待高丽使者。当时高丽朝廷也收容宋人中有才艺者,大都为中国的明州、泉州、福州人。这些人有可能传播了唐诗和梁祝故事。可能性更大的是,高丽王朝从光宗九年(958年)开始仿照中国实施科举制度,科举又以诗、文、赋等为考试内容,于是对汉文书籍的需求更加迫切。据史载,宋代江南人李文通向高丽献书592卷;高丽向江南一带购书1.08万卷。唐代诗人白居易、杜牧、罗邺等人的作品很可能由此进入高丽,咏梁祝诗随之被带入。

1898年,俄国学者加林-米哈依洛夫斯基完成环球旅行,他在朝鲜时曾搜集、记录一些民间故事,后在俄国出版了《朝鲜民间故事集》,梁祝故事《誓约》即为其当时采集到的流传于朝鲜北部的众多梁祝传说中的一篇。20世纪30年代,作家刘半农之女刘小蕙将俄文版《誓约》转译成法文,又流传到

---

① 宜兴市政协学习和文史委员会、宜兴市华夏梁祝文化研究会:《宜兴梁祝文化——史料与传说》,方志出版社,2003年,第144—146页。

了法国等欧洲国家。①

　　总之,梁祝文化通过海上丝绸之路,在东北亚、东亚、东南亚以及欧美传播,成为享誉世界的"东方罗密欧与朱丽叶"。

---

① 　郑蓉:《大海和声:浙江"海丝文化"调研文集》,学苑出版社,2019 年,第 86—95 页。

第四章　宁波海上丝绸之路文化遗产评价

文化遗产评价是指在整理文化遗产的种类、规模、数量、水平和等级等诸多信息的基础上，对文化遗产现存的状态、存续价值等进行科学评估。本章重点对宁波海上丝绸之路文化遗产进行评价。

一、宁波海上丝绸之路文化遗产特征

文化特征是一种文化在长期发展过程中形成的区别于他文化的内在规定性。宁波不但是与世界各国、地区进行海上贸易的名港大埠，而且是开展国际文化交流的重要窗口。宁波海上丝绸之路文化遗产记录了宁波先民战天斗海、开疆拓洋的艰辛历程，具有鲜明的特点。

（一）文化遗产时空跨度宏远

新发现的井头山遗址是中国东南沿海地区埋藏最深、年代最早的海岸贝丘遗址，是中国先民适应海洋、利用海洋的最早例证，入选"2020 年度全国十大考古新发现"。井头山遗址表明，距今 8000 多年的宁波先民已经开始主动适应、积极利用海洋。距今 7000 年左右的河姆渡先民借助舟楫涉足海上，向海洋索取生活资料。在河姆渡先民冒险开拓的海洋精神的激励下，稻作文化、制陶文化、建筑文化等借助海洋实现了对外的传播。考古学家安志敏先生指出："以河姆渡及后续者为代表的长江中下游新石器文化的若干因素,影响到史前日本。如绳文时代玉玦、漆器以及稻作的萌芽,弥生时代及其以后的干栏式建筑,都可从长江下游找到渊源关系。"商周时期,越人"以舟为车,以楫为马",水上交通已然成为当时主要的出行方式。战国时期,越人在今余姚江边建立了宁波最早的港口——句章港。1976 年,鄞县云龙镇甲村石秃山出土一件战国时期的铜钺——羽人竞渡,其展现了宁波战国时期水上活动以及拼搏、开拓的精神内涵,成为宁波海洋文化和海上丝绸之路的标志。建于宋大中祥符六年(1013 年)的保国寺,气势雄伟,结构独特;坐落在风光秀美、崇山峻岭之中的东钱湖南宋石刻群,以其为数甚众、雕刻精美、保存完好而填补了我国南宋美术史的空白。史弥远提出南宋"五山十刹",对日本佛教"五山十刹"产生了很大的影响。建于咸丰三年(1853 年)的庆安会馆,寓"海不扬波,庆兮安澜"意,既是我国现存著名会馆和天后宫之一,又是一处闻名遐迩的近现代海事舶商行业议事聚会场所,是数百年来浙闽两地海洋贸易昌盛的历史见证。

(二)内外文化双向交流深入

始于春秋、成于晋代的浙东运河,连接了 7 世纪初开凿的京杭大运河,宁波也由此成为中国大运河的南端终点。通过运河系统,宁波得以与全国的交通主干网络相连接,大运河入海口与海上丝绸之路始发港在宁波合二为一,不仅极大扩展了宁波港口的辐射范围,也为海上丝绸之路的繁荣发展提供了丰富的货物来源和广阔的内地市场。越窑青瓷经海路大量运销海外,开拓了海上陶瓷之路。阿育王寺、天童禅寺等佛教建筑,是海上佛教之路的重要载体,阿育王寺是我国现存唯一以印度阿育王命名的千年古刹,现仍保持明清建筑风范。天童禅寺是中国佛教古寺名刹、禅宗著名道场,为日本曹洞宗祖庭,又是传播海上茶叶之路的著名寺院,在日本影响极大。其整体建筑保存完好,明清风貌依旧如故。海上丝绸之路的开通,强有力地推进了浙东政治、经济、文化等各方面的发展。唐代是海上丝绸之路迅速发展的时期,明州与广州、扬州、交州并称唐代四大名港。当时,明州商帮将唐代佛教用品、香料、药品、丝绸、陶瓷、书籍等大量运销日本、新罗及东南亚等地。

鉴真大师等经明州东渡日本传教,日本高僧最澄等遣唐使入明州等地求法回国弘布,明州成为当时中国对外海上贸易、文化交流的重地。五代、北宋初(即新罗晚期与高丽初),浙东的制瓷业已发展到鼎盛时期。当时明州制瓷工匠将从建窑炉到制瓷的一整套工艺,包括制坯、成型、上釉、装饰纹样等,都无私地传授于半岛人民。后来半岛人民创造了嵌镶青瓷,开拓了青瓷生产的一片新天地。高丽由进口越窑制品的国家,一跃成为瓷器的输出国家。日本、中国沿海诸多区域的宋元遗址出土了大量精美的高丽青瓷与嵌镶青瓷,这是双向交流的重要成果。①

文化不是与生俱来或者凭空产生的,它总是一定的经济基础的产物。文化的开放和开放的文化必须以经济的开放和开放的经济为基础和先导。②宁波先民在通往东亚、东南亚、南亚、非洲的海洋航线上,与不同的国家和地区进行经济与文化交流。从交流的主体看,出去的一方,面对汪洋大海,随风浪无涯地漂泊,本身就需要广阔的胸襟,加之他们经常要在异国他乡生活数月甚至数年之久,能够亲身接触形式多元的异质文化。这种生活经历,使他们产生了广采博纳的动机,使他们对海上交通活动中耳濡目染的事实,能够直接进行辨析与认识。同时,大量来华贸易、传教的外国人涌入宁波,把他们独具特色的文化风俗、语言文字、服饰礼仪等带到中国。长期的交流与碰撞,成就了宁波海上丝绸之路开放包容的文化。

(三)文化遗产内涵丰富多元

宁波海上丝绸之路文化遗存,涵盖了整个社会的政治外交、经济贸易、港口交通、宗教文化、思想学说、教育卫生、民间习俗、工艺美术等诸多领域。古代宁波对外交往政治中心的鼓楼,是宁波建城的重要标志,至今保存完好。2003年9月18日—10月7日,宁波市组织海外寻珍团先后对日本11座城市的31处遗存和韩国5座城市的12处遗存进行专题寻访,发现了大量与宁波海上丝绸之路密切相关的文物史迹。这些珍贵的历史文化遗存,既有寺院、建筑、遗址,也有瓷器、书画、史籍等。如在日本的博多港(博多津)

① 许勤彪:《宁波历史文化二十六讲》,宁波出版社,2005年,第75页。
② 陈惠平:《"海上丝绸之路"的文化特质及其当代意义》,《中共福建省委党校学报》2005年第2期。

与值嘉岛港还保存了张友信驻地的城堡、祭祀堂、水井、码头等遗址、遗迹。在博多鸿胪馆遗址有遣唐使船舶的泊寄地碑刻、古航塔，以及遣唐使、商旅使用的井和张友信商团打造的大型海船、经营海运活动的遗迹等。在遗址中还出土了大量从明州运去的唐代越窑青瓷和长沙窑彩瓷。在日本京都、奈良、长崎等地方的许多古刹，迄今保存有许多唐宋时期入华求法或东渡弘法僧人带去或创作的各种佛教文物。[①]

二、宁波海上丝绸之路文化遗产价值

《实施〈世界遗产公约〉操作指南》把文化遗产价值分为三大类：一是情感价值，如惊奇性、趋同性、精神的和象征的崇拜等；二是文化价值，如文献价值、历史价值、考古价值、古人类学和文化人类学价值、美学价值、建筑艺术价值、城市景观价值、风景和生态学价值、科学价值等；三是使用价值，如功能性使用价值、经济性使用价值、教育性使用价值、社会性使用价值、政治性使用价值等。根据对宁波海上丝绸之路文化遗产特色的梳理，结合文化遗产包含的普遍价值，我们认为，宁波海上丝绸之路文化遗产主要有五个方面的价值，即历史价值、美学价值、经济价值、科学价值和时代价值。

（一）历史价值

文化是人创造的。文化史是人类历史的一个重要组成部分，是研究人类历史的一个重要领域。宁波海上丝绸之路文化遗产见证了宁波历史发展进程，凝结着宁波海上丝绸之路大量的历史信息，为研究宁波海上丝绸之路提供了丰富的历史资料，具有重要的历史研究价值。宁波与海外的"文明对话"始于东汉晚期。这一时期，舶来品和印度佛教已通过海路传至宁波地区。唐长庆元年(821年)明州迁治三江口后，构建州城、兴建港口、置官办船场、修杭甬运河等一系列重大举措使明州成为我国造船业最发达的地区之一，并跻身于四大名港(其余三港为广州、扬州、交州)之列。宋元时期，明州

---

① 宁波"海上丝绸之路"申报世界文化遗产办公室、宁波市文物保护管理所、宁波市文物考古研究所：《宁波与海上丝绸之路》，科学出版社，2006年，第59页。

(庆元)港为我国三大国际贸易港之一。北宋淳化二年(991年)朝廷在明州始设市舶司,明州港成为中国通往日本、高丽的特定港。明代,宁波港是中日勘合贸易的唯一港口。清康熙二十四年(1685年)开放海禁,宁波设浙海关行署,是全国四个海关之一。道光二十三年(1843年),宁波被列为对外开放的五个通商口岸之一,次年正式开埠。宁波又是中国舟船文化的重要发祥地。唐代,明州是全国重要造船基地之一。宋代,三江口设有官营造船场,年造船额居全国之首。明州港曾两次在朝廷的专门指定下打造四艘“万斛”神舟,用来通使高丽。宁波先民在开辟海上丝绸之路的过程中,创造了灿烂的物质文化。宁波至今仍较完好地保存着东汉晚期至清代中期遗存120余处。这些遗存较集中地分布在以宁波城为中心的近海和江河两岸。数量之多、分布之密集、内涵之丰富,均为古代港口城市所罕见。始建于西晋初期的阿育王寺和天童寺,在宁波与海外文化交流特别是在与日本的佛教交流中占有重要地位。阿育王寺在宋代至明代被列为“天下禅宗五大名山”;天童寺号称“东南佛国”,被日本佛教曹洞宗尊为祖庭。作为中国古代佛教建筑典范的保国寺,则对东亚地区的寺庙建筑产生过较大影响。唐显庆四年(659年),日本遣唐使团在越州鄮县港口登陆。这是一件具有划时代意义的大事,它标志着宁波海上丝绸之路真正意义上形成,也表明宁波开始成为国际文化交流的窗口。此后,日本遣唐使入唐又先后3次在明州登陆。宁波与日本等国的文化交流日趋繁荣。与此同时,浙东越窑青瓷与中国的建筑、雕刻、绘画、书法及思想学说、科技等,通过以明州港为起点的海上丝绸之路的传播,对一衣带水的日本列岛与朝鲜半岛产生了深刻的影响。浙东越窑制瓷技术是宁波海上丝绸之路先进科学技术向外传播的重要标志。

东钱湖南宋石刻具有鲜明的时代特征。南宋虽然偏安江南,然而战争与防御一直是这个时代的主题。故东钱湖南宋石刻造像最明显地表现出造像匠人对将军武备的重视。绝大多数武将的铠甲兵器,都精雕细刻。北宋本是文弱王朝,唐代的建功边关、出将入相的传统在北宋荡然无存,士大夫是主宰社会的主流阶层。南宋半壁江山,更是文臣执掌兵权,以守御为国策。故南宋一代,士大夫更为温文尔雅,循规蹈矩。东钱湖南宋石刻中的文臣,多心怀惴惴,谨慎低调,表情含蓄,慈祥和蔼,反映了当时社会的人格意识和审美标准。采坑史守之墓道的石刻文臣,蓄山羊胡子,温文儒雅,谦逊和蔼,形神兼备,更传达了这一时代特征。东钱湖南宋石刻中的瑞兽,无一不给人以驯服温顺的感觉。虎不威、马不烈、羊不羜,这显然是时代性的象征。故其造型,装饰性大于自然形态,然在技术处理上静中有动势、粗中见细腻、刚中有柔意。

天童寺是东北亚千余年来佛教文化的交流中心,也是目前正在申报中的世界文化遗产项目"海上丝绸之路:中国史迹"的遗产点。天童寺本身就是一座博物馆,除格局恢宏的建筑外,寺院内还有各类文物 200 余件,其中宋、元、明、清等历代碑刻有 60 余件。《宋故宏智禅师妙光塔铭》碑文,为南宋状元张孝祥所书,记载了宏智禅师钻研佛法、弘扬大道的非凡经历。天童寺、阿育王寺分别有一批珍贵的碑刻拓片,成为日本京都东福寺、东京宫内厅书陵部等地的藏品。此外,宁波知名文保专家杨古城发现,在福冈的寺庙里,还有庆元元年(1195 年)阿育王寺所刻的"阿弥陀佛"石碑。这些都是海上丝绸之路的重要见证。

(二)美学价值

文化是人创造的,凝聚着人的美好意愿,具有突出的审美价值。宁波海上丝绸之路文化具有显著的审美价值。

第一,宁波海上丝绸之路文化之美在于艺术之美。装饰艺术是当今社会常见的艺术形式和文化现象,其萌芽应该是远古时期人类的串饰。在河姆渡文化与浙东地域环境孕育下的优秀传统民间手工艺——朱金漆木雕,就是装饰艺术中的佼佼者。自唐宋以后,朱金漆木雕主要应用在建筑构件如梁柱、斗拱、藻井、卷棚、天花、栏板、门窗等上。藻井构造独特,形式多样,因其结构形态的精细华丽,也可以纯粹用来作为建筑装饰。藻井起初多用于装饰宫殿和寺庙,随着浙东地域经济贸易的日渐繁盛,也用于装饰宗祠、戏台、会馆等大型集会场所,这使其在浙东的发展呈现出密集的状态。用朱金漆木雕装饰过的藻井便是浙东古建筑最华丽的建筑装饰之一。藻井木雕的运用及其精美多样的形式,显示出甬城人磅礴壮丽的气度。宁波朱金漆木雕艺术馆收藏的清代窗式"千工床"的前挂面花板,造型华丽、雕刻精美,堪称精品。朱红的底色上运用贴金、嵌螺、描金等精细工艺,表达内容为甘露寺等三国题材的通俗戏曲故事,采用"京班体"中的排位顺序,将近景、中景与远景在同一情况背景下处理,前景不挡后景,画面具有饱满、对称、均衡和循序渐进的装饰美感。

东钱湖南宋石刻群的雕塑艺术不但具有学术界公认的形体上不求多变的庄重与稳定特征,而且具有使人感到新奇与激动的各种丰富、生动、张扬的造型。和写实的西方雕塑艺术相比,东钱湖南宋石刻群因装饰性的虚拟成分,更带有一种非人间性的神秘,但又包含一种和蔼的亲切感。^① 因为装饰性虽不同于生活真实,却又是中国人生活中无处不在的司空见惯的艺术真实。同时,装饰性对于增强庄严肃穆的气氛也十分有效。这是它孕育于工艺美术所带来的印记,无论是人物造型、动物造型、还是明器艺术、宗教造像或建筑装饰雕刻,都普遍反映着悠久的传统装饰趣味。发挥线条在雕刻中的作用无疑是一种有效的装饰手段。东钱湖南宋石刻雕塑群积极沿承线刻与圆雕相结合的方式,虽然在造型塑造处理上已开始显现"体"的观念,但还是刻意突出流畅线条的方式,如文臣武将身上那行云流水般的线条,让人赏心悦目。在这里,雕塑中的"线"为神韵而生,典雅、悠游、流畅、圆润、静穆,顺着圆厚之体而流动延伸。它不为描写对象的物理性质所限,赋予形体诗性、神性及巨大的超越性。

第二,宁波海上丝绸之路文化之美在于情操之美。文化之美在其精神之美,在其情操之美。情操美是大美,是高尚之美。数以万计的宁波商帮从东海之滨出发,拼搏创业,发家之后不忘报答桑梓。他们在历史积淀中形成了共同的精神品质:树高不忘根的赤子情怀、不甘居人后的开拓精神、大海容百川的开明思想、至实而无妄的诚信品德、励业重义利的互助风格。一部宁波发展史,就是宁波人以身许国、兼济苍生的历史。南宋史氏"一门三宰相,四世两封王,七十二进士",可谓空前绝后。综观宁波历史人物,无论为官者、治学者还是经商者,都有一种为国为民的高尚情操。明代陈本深清廉为官,深受百姓爱戴,为郡守 18 年,家无余财。清初陈汝咸任漳浦知县 13 年,"正己率物,廉以居身,良法善政,不可胜述"。陈汝咸调离后,漳浦百姓为他修建了一座庙祠,名月湖书院。后陈汝咸赴陕、甘赈灾,积劳成疾,不幸去世,地方官员整理他的行囊,全部财产只有一套替换的衣服和一串铜钱。

---

① 　吴忠、吴敏:《东钱湖南宋石刻群的艺术特征》,《装饰》2006 年第 3 期。

康熙帝闻之痛悼不已,连连称叹他为"好官"。宁波滨海、临江、倚湖,水利是经济社会发展的先决条件,唐代有王元暐筑它山堰、储仙舟浚广德湖、陆南金治东钱湖。宁波历代地方官员及入仕的宁波人多视水利工作为从政业绩。北宋熙宁初,宁波人俞充被任命为都水丞,他疏浚汴河,并用汴河沿岸淤泥,为朝廷改造农田 8 万顷。北宋至和年间,宁波人沈起任海门知县,主持修筑了"七十里海堤",该堤被后人称为"沈公堤",王安石特作《通州海门兴利记》。明宣宗朱瞻基时,宁波人蔡锡出知福建泉州府,重修洛阳桥,这是我国现存最早的跨海梁式大石桥、中国古代四大名桥之一。类似这样的业绩不胜枚举。

第三,宁波海上丝绸之路文化之美在于社会之美。人类征服自然、改造自然的生产活动,是人类追求美、创造美的过程。劳动的过程充满着对丰厚收获的期待,正是因为有了这种期待,人们才感到劳动的光荣,觉得辛苦劳动是值得的。宁波海上丝绸之路文化是商业贸易与文化交流活动的产物,它记录了宁波先民战天斗海、奋力拼搏、敢生敢死、追逐财富的艰难历程,体现了宁波人创造美好生活、建设美丽幸福家园的社会美。宁波人身上有着中华民族自强不息、自立于世的精神。他们总是能在时代的风云变幻中抓住机遇,领风气之先,创全国第一。北宋时,神童汪洙著《神童诗》。南宋王应麟著《三字经》历 700 多年而不衰。元代程端礼的《程氏家塾读书日程》成为全国各书院、学塾的教学大纲。万斯同晚年双目失明,仍以口授方式,发奋编史、讲学、答问,终成《明史稿》。近代以来,作为"宁波帮"中坚力量的鄞籍商人,更是在上海及世界各地大显身手,演绎出无数个创业传奇和经营经典。宁波的科技人才更是灿若星辰,如中国的"克隆之父"童第周,一生从事昆虫学研究的周尧。

(三)经济价值

文化遗产的经济价值衍生于其基本的历史、艺术和科学价值,其经济属性并不会随着社会制度、政治形态的变迁而发生改变,也不会随着经济体制的改变而发生变化。当文化遗产的历史、艺术和科学价值、能够满足消费者需求时,也就是消费者以欣赏、体验、娱乐、休憩、研究等方式来享用这些价值时,也就延伸出经济价值。文化遗产的多重价值属性与一般经济、文化资源的单一价值属性是不同的。文化遗产的基本价值被消费之后，其价值总量不会出现衰减，相反，其经济价值会增加。[1]

　　宁波海上丝绸之路文化遗产真实反映了特定的历史背景、社会现实，其综合利用价值在于其表现了历史事件的发展过程和人们的生产活动、生活方式。国内外文化遗产保护利用的经验证明，文化遗产能够作为旅游目的地和文化创意资源来推动当地社会、经济的发展。吸引民众实地参观、欣赏、体验、研究，是文化遗产发挥教育作用、实现综合价值、增加并传承内在文化内涵的重要途径。如庆安会馆以行业团结为宗旨，制定业务规章，发展福利事业，定期组织行业聚会，凝聚起宁波商帮文化的精髓。庆安会馆宫馆合一、前后双戏台的建筑形制，国内罕见，充分体现了天后宫与行业会馆双璧齐辉的特色功能。会馆建筑上 1000 多件朱金木雕和 200 多件砖雕石雕，采用宁波传统的雕刻工艺，充分体现了清代浙东地区雕刻艺术的至高水平，也为研究我国雕刻艺术提供了实物例证。

　　宁波海上丝绸之路文化遗产的经济价值还体现在建筑业、文化产业等相关领域。整治文化遗产环境、建设遗址公园和博物馆能够带动建筑业产值的增加。文化产业作为区域新经济增长点正在逐渐成长为支柱产业，以文化遗产为依托的文化产业具有低碳环保、投入产出综合效益高、影响力大、可持续的特点，正在为各地政府所重视。文化遗产的间接经济利益包括：①综合经济利益，如在推动旅游业经济发展的同时带动交通、住宿、餐饮、购物、娱乐、工艺美术品制造等相关行业的发展，增加就业机会，提高居民直接收入，推动地方经济的发展；②永久经济利益，文化遗产的知名度是难以估量的无形资产，是当地的历史文化标志和城市名片，能为其所在地带来永久的综合经济利益。文化遗产的直接经济利益往往是直接、迅速、明显的收益，而综合经济利益和永久经济利益一般是比较间接、隐蔽、缓慢的收益。庆安会馆立足自身历史文化资源，不断探索文化产业发展之路。2008年，庆安会馆与宁海民营企业合作，在馆内举办以古代船模为主要展品的"中国·宁波船史展"，展览涉及船型广泛，船模制作工艺精良，展厅配备文字说明和多媒体演示，生动展现了宁波悠久的造船史和海外贸易活动，获得

---

[1]　全艳锋：《山东半岛沿海文化遗产价值分析》，《人文天下》2016 年第 19 期。

了社会民众的极大好评。[①]

(四)科学价值

海上丝绸之路文化遗产作为历史时期的产物,反映了特定社会生产力发展过程中宁波区域科学技术的发展和人们利用自然、改造自然的创造能力,具有研究历史上科学发展状况的价值,能够为当今的科技创新提供重要的技术借鉴。人类文明创造的一切事物,都受到当时科学技术水平的限制,超越当时生产力的任何产品是不可能创造出来的。文化遗产从不同角度反映了当时人类对自然环境及其所出产原材料的科学认知水平与技术加工能力,反映了当时社会的综合生产力水平。

宁波海上丝绸之路文化遗产集中展示了古代科学技术的优秀成果,表征了当时科学技术与生产力发展的最高水平。沿海文化遗产为科学史、技术史和工艺史的研究提供了实物资料,为科技史的修正、补充和完善提供了重要凭证,尤其是在航海技术、造船技术、气象预测、盐业技术、建筑技术等方面。

宁波海上丝绸之路文化遗产的研究成果可以为现代科技的发展提供参考借鉴。例如,建筑遗址可以为今人提供古代建筑工程营造技术与艺术的宝贵经验,能够为传统建筑学、景观规划、园林设计和风景建筑的研究提供实物载体,是当今进行建筑学、设计学等学科研究的宝贵资料。海底出水的沉船对于研究古代的航运交通发展史、船舶制造技术具有重要的价值,其中的文物更是研究航海贸易、航海技术的重要证据。沿海建筑遗址及有关环境遗产,是政治历史发展、海洋环境变迁、社会演变或者说是人与自然关系发展的忠实记录,不仅是文物学、考古学、文化社会学的研究对象,还是经济、政治、海洋、环境、农业等领域间接和直接的研究对象,可以为经济社会的发展和海洋生态环境的恢复提供重要借鉴。

(五)时代价值

人是离不开传统的,人类总是生活在传统之中,而历史的、文化的传统,总是在不知不觉中影响着当代,孵化着未来。宁波海上丝绸之路文化遗产

---

① 黄浙苏、丁洁雯:《论庆安会馆的当代利用》,《中国名城》2011 年第 6 期。

是宁波先民在长期的海上丝绸之路中创造的,经千百年锤炼,汇成一种具有开放性的文化传统。宁波海上丝绸之路文化遗产与"东方文明之都"建设有机融合,释放出强大的正能量,有力又有效地推动了宁波经济社会的发展,其时代价值不可否认。时代价值是宁波海上丝绸之路文化遗产的核心价值。

文化遗产作为特定人群和地域的创造物与共同记忆、文化认同载体和精神标识,可以成为培育群体意识的重要资源。宁波海上丝绸之路文化遗产具有培育宁波人社会意识、养育宁波人群体精神的时代价值。宁波海上丝绸之路文化遗产形成于海上丝绸之路,被海上丝绸之路沿线国家与地区的人民所享用,其更大意义在于激发全民族的海洋意识。

宁波海上丝绸之路文化遗产在增强人们的海洋意识,强化人们的生态文明观念方面有着现实意义。海洋的浩渺无际与常动不息,养成了宁波商帮浩荡的心胸,他们不依恋于乡土的一草一木,也不满足于一时一地的成就,背井离乡,成群结队,前赴后继,只要有利可图,不管天南地北,敢认他乡作家园。他们还以城市为跳板,北上、西进、南下,从城市到城市,从沿海到内陆,从祖国到异国,随处留下经商的足迹。《光绪鄞县志》卷二《疆域·风俗》称宁波人"商旅遍于天下,如杭州、绍兴、苏州、上海、吴城、汉口、牛庄、胶州、闽广诸路贸易甚多。或岁一归,或数岁一归。……甚至东洋日本,南洋吕宋、新加坡,西洋苏门答腊、锡兰诸国,亦措资结队而往,开设廛肆,有娶妇长子孙者"。这就是清末民谚"无宁不成市"的由来。值得一提的是,近代宁波商帮在成就自己实业救国的理想中,充溢着不断创新的精神。曾执掌"亨达利"和"美华利"的孙梅堂,毕业于圣约翰大学,曾出国考察钟表,有着渊博的机械制造知识和丰富的管理经验。他极力招揽能工巧匠创新钟表制造技术,因而美华利所造时钟,曾在 1915 年巴拿马国际博览会上获金质奖章和奖状。另外,上海的中国钟厂,在宁波商人王宽诚入股从事经营,任总经理后,注意提高质量,创新产品,增加了许多新品种,如报刻钟、圆形挂钟等,以吸引消费者选购。为了表现产品品质,王宽诚曾将一只时钟拆去一块钟壳,使内部结构外露,歪钟悬挂,让观者清楚地看到钟砣的有力摆动,以此作为其"三五牌"时钟的独特优点大事宣传,以后"三五牌"发展成为名牌产品。①

在现代社会,缺少诚信的保障,市场经济的资源配置优势就会迅速消失,社会主义核心价值体系构建的基石就难以稳固。汪洋大海,尽管变幻莫测,凶险异常,然而潮起潮落,恒久不变,准时涨潮,准时退潮,永远为依赖、征服海洋的人们提供准确无误的信息和便利,于是有了"守信如潮"的文化。宁波人意识到,诚信是利益追求中必须遵循的道德原则。清末民初,中国有一种不同于官府邮驿机构的民间邮机构——民信局,又称信局或民局,业务遍及海内外。当时社会上有"票号是山西人特有,民信局为宁波人独占"的说法。而宁波商帮之所以能取得这样的成就,全凭"守信如潮"。② 民信局"为宁波之专业,资本甚大,信用亦佳,凡一经民信局保险之信札,内中银钱汇票,倘有遗失等情,一概由该局赔偿"。《宁波金融志》记载:"长期以来,宁波钱庄业握经济之枢纽,居社会最重要之地位,各业需款多有钱庄融通,其对象主要介乎商人与商人、地区与地区之间的批发商……有'信用码头''多单码头'之称。"③正是凭借良好的信用,宁波的钱庄业才能做大做强,才能称雄于金融界。同样,项松茂、鲍咸昌、周宗良、李康年、孙梅堂、王宽诚等能在十里洋场的上海崛起发展,在医药、印刷、颜料、纺织、钟表、金融、地产、轮船等多个行业占据重要地位,除了因为他们具有出色的经营才能,还因为他们在商业运作上推行以诚为本、货真价实、信誉至上。这样的诚信传统影响了一代又一代的宁波人。

---

① 虚怀:《鄞县人经营的钟表业》,见中国人民政治协商会议浙江省鄞县委员会文史资料研究委员会:《鄞县文史资料》(第3辑),内部资料,1989年,第146—154页。

② 潘子豪:《中国钱庄概要》,上海书店出版社,1992年,第154—155页。

③ 宁波金融志编纂委员会:《宁波金融志》,中华书局,1996年,第9页。

第五章　宁波海上丝绸之路文化遗产发展路径

宁波，作为古代海上丝绸之路重要的交流通道，作为"21世纪海上丝绸之路"的先行区，其历史地位和价值是有目共睹的。当前，宁波应大力推进文化遗产的创新性发展、创造性利用，沟通民心，沟通世界，彰显文化自信。

一、海上丝绸之路文化遗产发展原则

（一）保护性发展原则

文物承载着灿烂文明，传承着历史文化，是我们的宝贵遗产，保护文物功在当代、利在千秋。2020年9月，习近平总书记在中央政治局第二十三次集体学习时强调："历史文化遗产不仅生动述说着过去，也深刻影响着当下和未来；不仅属于我们，也属于子孙后代。保护好、传承好历史文化遗产是对历史负责、对人民负责。我们要加强考古工作和历史研究，让收藏在博物馆里的文物、陈列在广阔大地上的遗产、书写在古籍里的文字都活起来，丰富全社会历史文化滋养。"①因此，对海上丝绸之路文化遗产进行创新性发

---

① 《习近平在中央政治局第二十三次集体学习时强调：建设中国特色中国风格中国气派的考古学　更好认识源远流长博大精深的中华文明》，《人民日报》2020年9月30日。

展,一是要进一步认识海上丝绸之路文化遗产的历史文化价值和经济价值,逐步形成全社会保护的自觉意识;二是各级政府和旅游部门要将对海上丝绸之路文化遗产的保护摆上重要议事日程;三是要放眼长远,不能因为眼前的经济利益而忽视对资源的可持续利用和保护,以至于出现开发性破坏的结果;四是政府要针对产业发展中如何正确利用海上丝绸之路文化遗产资源尽快出台相应的政策和法规。

(二)原真性发展原则

原真性是国际上定义、评估和监控文化遗产的一项基本因素,也是我国文化界多年来发展的一项遗产保护原则[①],是海上丝绸之路文化遗产发展的核心。原真性原则主要包括背景的真实性、功能的真实性、形式与设计的真实性、传统技术的真实性以及材料与实体的真实性,即保护文化遗产不单指保护文化遗产本身的真实性,还包括保护社会的原真性、环境的原真性、知识层面的原真性。海上丝绸之路文化遗产不仅体现在单体建筑上,还体现在海上丝绸之路文化遗产所在地及周围的文化氛围上。因此,在海上丝绸之路文化遗产保护的过程中,要坚持原真性原则。即在实施海上丝绸之路文化遗产的保护过程中,不仅保持海上丝绸之路文化遗产本身的面貌,而且保护其赖以存在的环境和条件。对于海上丝绸之路文化遗产的保护应贯彻慎重重建的原则。历史文化遗产保护一般包括"遗址保护""复原重建""原址重建"三种模式。不管采取哪一种模式,都要有充分的依据,以还原历史本来面貌为目的。要坚持"修旧如旧"原则,一切修复行为必须以最大限度保存历史信息、历史氛围的原真性为目的。

(三)科学性发展原则

海上丝绸之路文化遗产发展必须遵循科学性原则,即建立科学的海上丝绸之路文化遗产保护观,用科学的理论和方法指导文化遗产保护工作。宁波海上丝绸之路文化遗产发展坚持科学性原则,应该从四个方面入手。一是加快培育或建立"文化遗产保护学"。海上丝绸之路文化遗产保护学应

---

① 禹玉环:《遵义市红色文化遗产保护与开发利用问题研究》,西南交通大学出版社,2016年,第93—96页。

包括海上丝绸之路文化遗产研究方法、保护技术、修复原理和保护利用规划等多个方面。提高海上丝绸之路文化遗产保护与科研水平,形成文化遗产保护理论,成立具有权威性的海上丝绸之路文化遗产研究中心,利用多学科的技术加强文化遗产保护。二是海上丝绸之路文化遗产的发展必须循序渐进,整体规划。海上丝绸之路文化遗产发展工作不能盲目随意,必须从全局和整体的角度,制定文化遗产发展规划。三是加强职业技术教育和从业资格管理,以举办培训班、与国内外大学和专业机构展开交流等多种方式,对不同层次和不同岗位需要的管理人才、技术人才进行短期职业培训。四是海上丝绸之路文化遗产教育工作应该与国民素质教育、德育、历史教育相结合,通过形式多样、寓教于乐的活动,提高国民的文化遗产保护意识。

(四)效益性发展原则

海上丝绸之路文化遗产是祖先留给我们的宝贵财富,既具有经济效益,也具有社会效益和文化效益。如前所述,海上丝绸之路文化蕴藏着强大的生命力、独特的创造力、丰厚的文化内涵和恩泽后人的优秀价值观,它是文化自信的历史来源。海上丝绸之路文化遗产的创新性发展,必须强调经济效益、社会文化效益和生态效益的统一,尤其要把社会效益放在首位,充分发挥海上丝绸之路文化遗产在加强思想政治教育、提升文化自信等方面的作用。同时,要注重对环境的保护,保护海上丝绸之路文化遗产所在地的自然环境和人文环境,改善这些地区的基础设施。

二、国内外文化遗产开发模式概况

文化遗产开发模式一般要根据文化遗产资源的赋存条件、开发潜力、区位条件、经济状况、产业结构条件、产业所处的不同阶段和政府的支持力度与管理水平等诸多方面来确定。[①] 文化遗产的类型不同,其开发模式也呈现差异。

---

① 姚小云、刘水良:《武陵山片区非物质文化遗产保护与旅游利用》,西南交通大学出版社,2015 年,第 163 页。

（一）物质文化遗产发展模式

1. 博物馆发展模式

博物馆作为以宣传、教育科研为目的的传统公益性机构，在今天已演进为社会教育传播机构和文化创意产业链中的一个重要环节。博物馆发展模式主要有三种：一是公共博物馆发展模式。在市场经济的催发之下，现代公共博物馆的文化遗产保护与市场发展功能形成了相辅相成的关系。二是民间博物馆产业发展模式。民间博物馆以文物资源作为长远发展的基础，以文化产品的不断创新作为持续发展的动力，以旅游开发作为多元发展的重要途径。三是数字博物馆发展模式。数字博物馆发展模式是指将博物馆的藏品、图书、文献、研究成果、影像等资源进行数字化运作，形成信息资源，使之便于保存、储存、传播和使用。

2. 大遗址保护与整体开发模式

大遗址是指反映古代历史各个发展阶段涉及政治、宗教、军事、科技、工业、农业、建筑、交通等历史文化信息，具有规模宏大、价值重大、影响深远等特点的大型聚落、城址、宫室、陵寝墓葬等遗址、遗址群，是古代文明的结晶和历史文化的见证。目前，发达国家在大遗址保护与开发方面有比较丰富的经验，如意大利将考古遗迹的维护与文化、生态景观的建设及保护结合起来；美国将遗址区与绿色廊道结合起来，在大区域内运用廊道对遗址进行整体保护。

3. 文化遗产旅游发展模式

文化遗产旅游发展模式是指以文化遗产为中心，以其他自然景观、文化景观、民俗景观、纪念品为支撑，形成一个旅游产品群，并互相支持。政府作为外部的主要推动力，创造良好的政策环境、制度环境，引导和支持企业进入旅游开发系统，并建立制度性约束机制，保证文化遗产的原真性、完整性。同时，政府为旅游及相关服务企业注入资金，进行旅游开发并获得价值收益。价值收益的分配以"谁投资、谁受益"为主要原则，但同时需提取相应的资金用于文化遗产的保护、维护、修缮等。

4. 城市历史文化街区发展模式

历史文化街区作为文化遗产的重要组成部分，也是文化遗产开发的一个重要内容。对于历史文化街区的保护与开发,西方发达国家已经形成一些较为成熟的经验。如英国普遍采用设立保护区的模式,整体保护"具有特殊的建筑或历史价值,并且其内在特点和外观需要保存或整治"的地区。在资金来源上,由政府提供财政补贴和贷款。

(二)非物质文化遗产发展模式

2003 年,在联合国教科文组织缔结《保护非物质文化遗产公约》之后,我国非物质文化遗产的保护与开发热潮兴起。非物质文化遗产的保护与开发模式既与物质文化遗产的保护与开发有相似之处,但也有自身的特点。

1.民俗博物馆发展模式

民俗博物馆属于博物馆中的专题性博物馆,它以征集、收藏、研究、展示地域的和民族的生产、生活、民俗、娱乐等文化类型为主要宗旨,也是遗产管理的重要单位之一。在中国,民俗博物馆的建设发轫于 20 世纪 80 年代中期,其作为一个专门收集、保护、研究、展示民俗文化和文物的平台,在落实民俗物品的研究与保护工作中有着举足轻重的地位。

2.节庆文化发展模式

节庆文发展模式是指以民俗节日、民俗活动或民俗文化为主题,以举办大型庆典活动为形式的旅游开发模式。该模式的特点是:突出地方特色和文化特色,注重引入多元化的投资主体,将节庆活动转变为节庆产业,形成"政府牵头、公司经营、社会参与"的运作模式。

3.文化演艺发展模式

文化演艺发展模式是指将非物质文化遗产和文化资源作为内容素材,进行文化生产创作,将创作产品交由经纪公司、演出公司进行包装开发,并进行相关的广告宣传和对外演出。在这一开发过程中,政府须发挥好调节与引导的作用,为艺术的传承、发展创造良好的环境。

4.主题公园发展模式

主题公园发展模式是指在一定区域(园区)内,通过仿造民俗环境表演民俗节目或生产生活中的某些民俗活动,形成文化遗产集中展示、旅游者参与体验的一种旅游产业发展方式。自 1950 年海牙"小人国"马都洛丹正式开放起,主题公园这一全新的旅游开发模式迅速在世界范围内兴起,其中,非物质文化遗产类的主题公园占有较大比例。

5.影视开发模式

影视开发模式通常有两种形式。一种是拍摄民俗影视纪录片,通过对文化原貌的真实、科学、动态、多维记录,展示民俗文化原生的形态和形成发展的历程。另一种是产业化影视开发模式。即以非物质文化为题材,通过电影、电视公司、音像公司的影视化运作,创作出符合市场需求的影视作品。[①]

三、宁波海上丝绸之路文化遗产发展路径

文化遗产作为民族智慧的结晶、民族文化的见证,在涵养文化情怀、增进爱国情感、强化民族认同等方面有难以代替的效用。宁波海上丝绸之路文化遗产可以采取以下几种创新发展路径。

(一)海上丝绸之路文化演艺发展

我国不仅先后出现了"印象"系列、"千古情"系列等强势演艺 IP 体系,还涌现出一大批地方特色浓郁、市场基础稳固的演艺项目,其中不乏在艺术造诣和经济效益上都有突出表现的精品。文化演艺涉及要素多、产业联动要求高,易于吸引社会和产业界的关注,是文旅融合的重要体现。国务院办公厅 2018 年发布的《关于促进全域旅游发展的指导意见》要求,推动剧场、演艺、游乐、动漫等产业与旅游业融合开展文化体验旅游。2019 年,文化和旅游部出台了《关于促进旅游演艺发展的指导意见》。作为国内首个促进旅游演艺发展的文件,该意见将推进旅游演艺的转型升级作为首要任务,鼓励各类市场经营主体抓住大众旅游时代到来和文旅融合发展的契机,积极参与到旅游演艺发展的大潮中。

[①]　胡惠林、陈昕:《中国文化产业评论》(第 11 卷),上海人民出版社,2010 年,第 124 页。

1.演艺类成功项目的经验借鉴

《关于促进旅游演艺发展的指导意见》着眼于推进旅游演艺转型升级、提质增效,立足于将旅游演艺作为文化和旅游融合发展的重要载体,对旅游演艺这一业态的科学发展做出全面系统的引导规划。在促进演艺发展方面,国内外有不少成功例子值得参考和借鉴,其中"宋城千古情"项目经过25年发展,积累了丰富的经验。

"宋城千古情"是杭州宋城旅游发展股份有限公司旗下的核心演艺产品,是目前世界上年演出场次最多和观众接待量最多的剧场演出,被海外媒体誉为与拉斯维加斯"O"秀、法国"红磨坊"比肩的"世界三大名秀"之一,是杭州的标志性演出。2017年,"千古情"系列演出创造了世界演艺市场的五个"第一",即剧院数第一、座位数第一、年演出场次第一、年观众人次第一、年演出利润第一,其票房收入则占据了中国旅游演艺市场半壁江山。"宋城千古情"用最先进的声、光、电科技手段和舞台机械,以出其不意的呈现方式演绎了良渚古人的艰辛、宋皇宫的辉煌、岳家军的惨烈、梁祝和白蛇许仙的千古绝唱,把丝绸、茶叶和烟雨江南表现得淋漓尽致。

(1)政府倾心支持和引导,营造良好市场环境

杭州政府在"宋城千古情"项目的启动、选址、开发过程中扮演着重要的角色。宋城集团运营初期,杭州政府提供了极大的支持和引导,建立了全新的制度来推进它的发展。例如,政府投入大量资金完善旅游基础设施,优化交通条件,并完善旅游市场机制。这些举措无疑为"宋城千古情"的发展提供了良好的市场环境。在"宋城千古情"公演后,政府举办多场推介会,极大地增加了"宋城千古情"的知名度和影响力。

(2)突出地域文化特色,打造城市文化名片

一场成功的演出,需要市场反复打磨,以市场为演出导向。但表现手段可以变,文化核心不能变。"宋城千古情"注入浓厚的地方特色和文化内涵,将景观与歌舞艺术相结合,满足了当代游客对文化的渴望心理。"宋城千古情"深入提炼绸伞、团扇、采茶、丝绸、江南丝竹、江南小曲等元素,融入众多的杭州历史典故、民间传说和西湖人文景观,每一个篇章都以多种表演艺术元素诠释杭州的人文历史,展现了一个缠绵迷离的美丽传说,一段气贯长虹

的悲壮故事,一场盛况空前的皇宫庆典,一派欢天喜地的繁荣景象。"宋城千古情"分为五个篇章——"良渚之光""宋宫宴舞""金戈铁马""西子传说""魅力杭州",主题鲜明,脉络清晰,节奏紧密。"宋城千古情"以一场"千古情"带游客穿越古今,感受目的地的民风民俗,助力打造城市的文化名片。

(3)运用高科技技术,持续推出系列体验活动

"宋城千古情"运用高科技营造演出剧场的舞台效果:"金戈铁马"采用烟火和低压供电技术营造氛围,虚化出射向观众席的炮火;"水漫金山"利用水幕喷头来营造瀑布喷流的舞台;"梁祝化蝶"利用激光灯将观众带入时光隧道。不仅如此,演出还采用了升降舞台、移动观众席、全彩激光灯等科技手段,营造震撼的视听体验,让游客回味无穷。每年如期上线的千古情,每一次都会带来不一样的风味。除此之外,为了增强趣味性,《宋城千古情》增加了一系列的高科技旅游体验项目,如"活着的清明上河图""聊斋惊魂鬼屋""步步惊心鬼屋""人皮客栈听音室"等,满足各类旅游群体的需求。这些体验性活动项目,不仅增加了客游量,也提升了宋城的知名度和影响力。

(4)运用多样化的营销手段,精准对接客群需求

"宋城千古情"的营销做得相当成功。宋城利用多种营销手段对"宋城千古情"进行宣传,提高其知名度。在宣传初期,利用媒体营销、地毯式传单派发、销售人员大力推广等方式进行营销;在市场进入阶段,确立"城市会客厅"理念,在社区内为民众提供专场服务,形成"杭州天天有包场"现象。不仅如此,宋城也擅长做事件营销和网络营销,建立了线上销售平台,还经常举办季节性的体验活动。可以说,"宋城千古情"的营销模式为它的成功提供了强大的动力。①

2. 宁波海上丝绸之路文化演艺发展路径

结合"宋城千古情"经验,针对宁波海上丝绸之路文化内涵以及文化演艺发展基础,本书认为,宁波海上丝绸之路文化演艺发展应该采取以下方式。

---

① 王欣:《中国旅游文化演艺发展研究》,旅游教育出版社,2017年,第68—74页。

（1）推动体制机制创新，加强资源整合利用

坚持政府主导，营造高效服务环境。政府应加大对海上丝绸之路文化演艺产业的政策扶持力度和资金支持力度，改善基础设施，促进形成公平竞争的文化市场环境；应对海上丝绸之路文化演艺活动进行调节，引导企业理性投资和正确决策；建立演出资质认证系统，健全演职员的业务培训和资格认证制度，提高从业人员职业化水平。

深化文化"放管服"，扩大简政放权成效。对照服务业市场准入负面清单管理模式，放宽演出经纪机构和文艺表演团体的市场准入限制，适度扩大外资演艺业务参与范围。进一步简化营业性演出审批程序，争取将演出经纪许可证及剧团海外出访演出的审批管理权下放至区级责任主体相关部门，提高审批效率。加快实施分类审批试点与事中、事后监管制度创新，建立高效的跨部门监管协同机制。

加强演艺资源整合，形成集聚效应。整合全区、全市的演艺市场资源，促进各类剧场、剧团、剧种跨界联动、功能错位、合作发展，促进名家、名团、名剧集聚，以魅力排行、衍生品销售等多种形式，开展长三角城市间的联动与合作，探索建立长三角文化演艺联盟的创新模式。

创造性开发中小型、主题性、特色类文化演艺产品，更多地引入"微演艺"，创造文化演艺矩阵和集群。[①] 与目的地、文旅企业、图书馆、博物馆和文化馆等公共文化设施联合，探索更多的合作渠道，创造文化演艺新空间；进一步丰富文化演出产品和其他产业的组合模式，创造条件，整合演出、餐饮、娱乐、购物等业态；加强与夜间经济等新业态融合，在投资吸引、市场开拓和产品创新上互相依托；充分利用 5G、人工智能、虚拟现实和增强现实、大数据等新技术，加快推进文化演艺创新发展。

（2）深挖文化内涵，打造海上丝绸之路演艺品牌

发挥宁波海上丝绸之路文化独特性，深挖中外佛教交流中占重要地位的天童寺、阿育王寺，堪称航海地标的庆安会馆和天后宫，作为宁波海上丝绸之路申遗标识的"羽人竞渡"纹铜钺，推动民间石刻艺术东传的东钱湖南

---

① 杨劲松：《突出文化内涵创新表现形式　推动旅游演艺高质量发展》，《中国旅游报》2020 年 7 月 16 日。

宋石刻群,促进民间工艺交流的朱金漆木雕、骨木镶嵌、金银彩绣、甬式家具、竹器等传统手工技艺,以及梁祝文化、徐福东渡传说等的文化内涵,在保持资源原真性的基础上进行大胆创新,进而形成品牌优势,并且不断更新创作以吸引回头客。注重发挥地域优势,借助宁波"山、溪、湖、海、寺、田、林、村、城"等资源,吸收当地的文化艺术家加入团队。建议宁波市政府联合国内外知名创作团队,深挖宁波海上丝绸之路文化内涵,创作排演以海上丝绸之路文化题材为主题的大型舞台剧《羽人竞渡》。剧本可融入海丝文化、海商文化、海防文化等特色鲜明的文化元素,通过艺术形式呈现人类与海洋和谐相处的场景,展现人类向海而生的拼搏、开放、包容精神,展示与海抗争、博浪天地、坚韧不拔的精神坚守,将原汁原味的人文积淀经过艺术加工后,在舞台上精彩呈现,让观众在第一时间进入沉浸式现场体验,享受视觉盛宴。同时,完善演艺项目发展产业链,如服装、演出设备、广告等,整合义乡文化、书香文化、名贤文化等其他优秀文化,开展多种活动,改变单一演出形式,在演出中寓教于乐,让观众了解海上丝绸之路文化,了解宁波文化,进而了解中华传统文化。建设文化休闲娱乐景观场所,扩大经营范围,吸引更多企业投资。完善周边基础设施,解决餐饮、住宿、交通等问题。

(3)推动演艺线上线下差异化和联动化发展

2020年初以来,在疫情的倒逼之下,传统演艺行业受到重创,纷纷试水开展线上直播等新业态,线上观众呈现几何级增长。海上丝绸之路文化线上演艺将成为新常态。线上演艺不是简单地把剧场录制的演出光盘搬到线上,它颠覆了传统剧场演出镜框式舞台的观演关系,需要传统演艺行业改变创作观念,适应新的载体特点和传播规律,做到在艺术表现形态上强化体验互动,在技术传播形态上勇于变革求新。为此,要加大对海上丝绸之路文化线上演艺常态化发展的资金支持。不仅要着眼当前,还要着眼长远,每年从现有公益演出补贴中拿出一定比例,并出台线上演出分级分类认定办法和补贴标准,常态化支持线上演艺转型发展。要建立线上优秀作品奖励机制。面对短视频主导的读屏时代的文化消费特点,为适应互联网发展语境要求,可以改变传统剧场动辄1小时以上的大体量创作思维模式,鼓励开发小型、快捷、灵活的"网感"十足的作品。建议在综合评价基础上,建立线上优秀作品的评选奖励机制。要开展线上业务培训和线上人才队伍培养。将组织开展线上专题业务培训,纳入全区艺术人才队伍建设工作举措,加强线上演艺人才队伍建设,掌握线上演艺特点和规律,推动演艺行业线上线下差异化发展和联动化发展。

(4)顺应市场需求,持续拓宽产品营销渠道

以市场为导向,实施精准营销,借助宁波文旅主推旅游品牌"顺着运河来看海,闻着书香游宁波",满足游客"白天赏景,晚上赏戏(剧)"的需求,让游客形成来宁波必看海上丝绸之路文化演艺的意识。改变单一的旅行社绑定式营销方式,借助宁波与浙江省内外各大旅游景点、酒店、宾馆等,推广联票套餐等优惠活动,广泛吸引游客。通过调查,对潜在市场进行分类,如散客市场、团体市场等,进而制定不同的宣传方案,使宣传方式多样化、系统化,使营销更具有目标性和针对性,从而提高演出的上座率。同时,借助大平台的流量入口优势,完善宁波海上丝绸之路文化演艺信息,吸引更多的游客关注宁波海上丝绸之路文化。综合运用抖音、小红书等,积极营造旅游热点和亮点。

(5)完善人才制度体系,打造有规模、多层次、科学合理的人才队伍

深化人事制度改革,完善人才培养体系。文化演艺市场的繁荣,只依靠顶尖的艺术制作人才是不够的,还需要依靠精通经营管理且了解文化产品的复合型人才。这些高素质人才可以通过设计、组织、洽谈等积极推广优秀剧目。可以借助科研机构、社会培训机构、高校等,开展经常性和有针对性的短期培训,培养适应岗位要求的人才。

进一步完善专业技术职务聘任制度,对文化产业高层次人才实行跟踪考核,动态管理。建立激励保障和奖励机制,鼓励人才创新,如制定文化技术创作成果等要素参与分配的办法,充分调动文化产业人才的积极性。培养一批喜欢海上丝绸之路文化、了解海上丝绸之路文化、关心海上丝绸之路文化的本土文化爱好者。通过学习引导,将他们培养成演艺人才、艺术创作人才、专业技术人才、经营管理人才乃至文化产业企业家。

还应该注意留住人才,制定优惠政策吸引各类优秀人才进入宁波文化演艺产业。出台引进文化演艺人才的优惠政策,对在文化演艺产业领域做出突出贡献的管理、经营、工程技术、艺术创作等方面的人才进行奖励。允许文化演艺产业管理人才以其特长和管理才能作为无形资产,按一定比例

持有股份并参与分配；允许和鼓励文化创意人才以知识产权的方式参与企业经营。

(二)海上丝绸之路博物馆发展

近年来，宁波的博物馆事业得到了长足发展。据宁波市文化广电旅游局的统计数据，截至2022年6月，宁波正式备案的博物馆共有79家，其中国有博物馆24家，非国有馆52家，行业馆3家，博物馆数量在全省地市中排名第一、在全国排名第八。同时。宁波还有广义的"类博物馆"90余家，涉及革命纪念馆、陈列馆、名人故居等类别。在藏品数量方面，宁波的博物馆藏品总数为42.2万件，位列全省第二名、全国第二十名。经过多年的发展普及，博物馆在宁波10县(市、区)实现全覆盖，场馆层级水平较高，特色文化充分展现。国家三级以上博物馆共有11家，其中国家一级博物馆3家，包括宁波博物院(宁波博物馆、宁波帮博物馆)、天一阁博物院(天一阁博物馆、保国寺古建筑博物馆)以及宁波中国港口博物馆。

1.宁波海上丝绸之路博物馆建设思路

为了更好地保护宁波海上丝绸之路文化遗产，建议规划建设海上丝绸之路博物馆[①]，对宁波海上丝绸之路及其文化、精神做全方位的展示、宣传、介绍，使之成为展现和弘扬宁波精神的重要场所。海上丝绸之路及其文化的许多积极成果，特别是它的核心精神，对于弘扬传统文化、坚定文化自信、构建和谐社会，具有不容忽视的启迪意义，很有必要将它们集中起来以博物馆的形式呈现。

海上丝绸之路博物馆拟以文物为主体，以图片、场景和多媒体为辅助，展示古代中国人民开创海上丝绸之路的伟大历程，以及丰富厚重的海上丝绸之路文化遗产。海上丝绸之路博物馆拟由六个部分组成。

第一部分"海上丝绸之路与沿海古港"：介绍海上丝绸之路的概念、定义、航线，以及中国海上丝绸之路代表性港口城市(广州、泉州、南京、漳州等)的海上丝绸之路文化遗产。

---

① 2022年8月26日，宁波市委文化工作会议暨打造全国文明典范之都推进大会将"河海博物馆"建设列入十大文化设施项目，吹响了海上丝绸之路博物馆建设的号角。

第二部分"东方大港肇兴"：以历史为主线，通过井头山文化遗址、河姆渡文化遗址、鄞县故城考古调查、天童禅寺塔院考古调查、上林湖越窑青瓷遗址、东钱湖窑址考古发掘、东钱湖南宋石刻遗址等考古发现，反映宁波发展与繁荣的历史过程。

第三部分"海上丝绸之路上的宁波港"：通过航线、城市建设和航海设施、宋元市舶司、海神信俗、使臣与海商、贸易品和手工制造业、多元文化等多个单元，详细深入地讲述宁波这个曾风靡世界、与近百个国家与地区有贸易来往的东方大港。

第四部分"海上丝绸之路的转型"：通过"佛教与宁波海上丝绸之路""中日关系""中朝关系""宁波商帮"等单元，展示明清两朝海洋政策调整、市舶司移置、倭寇海贼侵扰劫掠等背景下，宁波海外贸易由官方转入民间、私商贸易兴起的历史。

第五部分"海上丝绸之路上的商品"：通过瓷器、丝绸、茶叶、书籍、思想学说、佛教、工艺等外销（传）产品的系统展示，展现宁波在海上丝绸之路中的显要地位。

第六部分"21世纪海上丝绸之路中的宁波"：系统展示21世纪的宁波如何在制造产业中占据绝对优势及输出品牌产品，在文化创意产业、生物科技、新材料等领域厚植宁波元素，全面参与21世纪海上丝绸之路建设。

2. 海上丝绸之路博物馆建设的数字化方向

值得注意的是，伴随着信息技术的快速发展，移动互联网已经融入我们的生活，不知不觉地改变着我们的生活方式。博物馆里古老的传统文化与互联网信息技术相结合，不仅会为博物馆文化传播创造种种可能，还会给公众带来博物馆文化的全新体验。博物馆的数字化建设也跃升到一个新高度。互联网与博物馆的结合，将成为一种文化推力，使博物馆文化在公众领域的传播进入更快捷、更迅速、更有影响力的新阶段。

宁波海上丝绸之路博物馆移动互联平台，融合门户网站（PC端及智能手机、数字博物馆内容）、智慧导览系统（手机App导览、微信导览、智慧参观手持终端、团队讲解、无线触摸屏、以多模定位基站实现的手机自动讲解系统）、智能业务系统三大系统。游客可以通过电脑或者手机访问官方门户网站,浏览资讯信息,进行在线体验,实现虚拟游览,全方位查看文物;还可以通过手机 App,实现 AR 互动,配合多模定位基站实现手机的室内定位与自动讲解;博物馆工作人员可进入智能业务系统检测文物安全、监管参观秩序。数字化三大系统将有效实现博物馆的功能延伸与业务开展。①

(1)增强现实虚拟互动,加强博物馆与观众的联系

AR 技术,是一种将真实世界信息和虚拟世界信息"无缝"集成的新技术,是把原本在现实世界的一定时间、空间范围内很难体验到的实体信息(视觉、听觉、味觉、触觉等),通过科学技术模拟仿真后再叠加,并将虚拟的信息应用到真实世界,给人带来超越现实的感官体验。增强现实作为一项引人注目的新兴技术,近年来给博物馆的交互设计和观众体验带来新的契机。虚实结合、高度交互以及三维定位功能,将极大地调动观众参与的热情,让博物馆与观众的互动联系更加密切。

(2)利用先进互动技术,提升公众体验度

采用最新科技手段,通过 RFID(radio frequency identification,射频识别)智能导览、数字博物馆、微信导览构建网上虚拟展馆,多形式服务观众。在虚拟空间中,实物藏品可以做成三维的形式,让参观者了解更多的藏品细节。这样的参观模式打破了传统博物馆中参观线路及观赏角度受博物馆展陈设计者主观意识和客观环境影响的局限。而对那些由于现实条件约束暂时不能到博物馆实地参观的公众而言,虚拟博物馆也能够及时地满足其了解、体验和学习的需求。

(3)全信息化集成管理,增强管理水平

基于互联网、物联网等技术,实现展品、游客、人员全业务信息化集成管理,提升博物馆管理水平。海上丝绸之路博物馆内藏品综合管理系统、RFID 智能库房管理系统、不可移动文物信息管理系统、协同办公管理系统、电子票务系统、文化产品销售管理系统、电子阅览管理系统等应用功能模块与移动互联平台应用端口集成,使各应用功能模块数据互联共享,基本实现全信息化的集成管理,使管理水平实现质的提升。

---

① 赵锡:《互联网＋博物馆数字化建设的思考——以宁波中国港口博物馆为例》,《中国港口》2016 年第 1 期(增刊)。

(三)海上丝绸之路大遗址发展

1.大遗址的内涵

从石器时代的良渚遗址、牛河梁遗址到夏商时期的二里头遗址、殷墟遗址,从横空出世的三星堆遗址到秦始皇陵、汉长安城遗址、隋唐洛阳城遗址、圆明园遗址,以及长城、丝绸之路、大运河、万里茶路等线性遗产[①]所经过的众多遗址等,这些看似类型相异、时空不同、价值多元的历史遗存有一个共同的名字——"大遗址"。大遗址指中国文化遗产中规模较大并且文化价值突出的文化遗址,是遗存本体和与其相关的环境载体共同构成的综合体,是中华民族的精神标识、国家的文化名片,具有不可再生、不可替代、规模宏大、价值重大、影响深远、构成复杂的特征。大遗址保护和开发模式的应用,在我国文化遗产保护和开发过程中,是一种比较常见的方法。

国内现存的大遗址数量非常多,而且规模非常大,不同的地区有不同的特色。在实际操作过程中,对大遗址进行保护和开发利用的模式主要分为四种。一是将整个遗址区域逐渐构建成公园的形式,比如西安的大明宫遗址公园,让其自身的价值充分地展示出来;二是将大遗址与现存的景观区域进行有效结合,打造成旅游景区;三是将整个遗址区域构建成森林公园的形式;四是将遗址与一些现代农业园区进行有效结合。[②] 从世界范围来看,当前大遗址保护理念大致表现出三种倾向:一是以希腊、土耳其、意大利等国家为代表的欧洲模式,其特点是严格讲求保护的真实性和完整性;二是日本模式,主要采取保护与利用协调共进的方式,并注重遗存环境的展示与保护;三是美国模式,以灵活多样的历史文化保护体系和政策激励机制为主要

[①] 单霁翔最早提出线性文化遗产(lineal or serial cultural heritage)概念:"线性文化遗产是指在拥有特殊文化资源集合的线形或带状区域内的物质和非物质的文化遗产族群,往往出于人类的特定目的而形成一条重要的纽带,将一些原本不关联的城镇或村庄串联起来,构成链状的文化遗存状态。"(单霁翔:《大型线性文化遗产保护初论:突破与压力》,《南方文物》2006年第3期)

[②] 李海燕、权东计:《国内外大遗址保护与利用研究综述》,《西北工业大学学报(社会科学版)》2007年第3期。

特征。①

2.宁波海上丝绸之路大遗址建设原则

(1)主题保护与综合保护相结合原则

大遗址保护要表达一个整体的意义,并且这一整体意义要超越遗址各部分意义之和。作为线路文化遗产的海上丝绸之路,必须超越局部去表达一个整体的价值,从整体意义中去看各要素的价值,即在尊重遗产的每个独立要素固有价值的同时,强调独立要素作为一个整体的组成部分来评估其价值。文化遗产大遗址保护要以"国家认同和族群文化传承"这一价值主题为指引。加强对宁波海上丝绸之路文化遗产大遗址的综合性保护,可以重点选择庆安会馆、天童寺、阿育王寺、南宋石刻公园、上林湖越窑遗址等遗产场景来讲述宁波海上丝绸之路故事,演绎"海上丝绸之路活化石"的传奇,增强大遗址的阐释力。

(2)遗产保护与环境保护相结合原则

大遗址的许多构成遗产是"自然和人类的共同作品""自然与人联合的工程"。对海上丝绸之路大遗址选址及格局的关注,更多地要考虑遗址及其与自然人文环境的关系。天童寺史上之所以闻名中外,在于其与日本佛教关联密切。南宋乾道四年(1168年)之后,日僧荣西再度入宋,从虚庵怀敞禅师问道,在天童五年,得法,成为临济宗16世传人,回国后主持建仁寺,开日本临济宗。南宋嘉定十六年(1223年),日僧道元入宋,拜于长翁如净大师门下,受曹洞宗法,学成回国,创永平寺,为日本曹洞宗始祖,该宗尊天童寺为祖庭。曹洞、临济皆为日本佛教两大宗派。天童寺不仅在佛教领域享誉海内外,其自然环境亦颇有名气。其所在之太白峰,山高林密,环境清幽,生态良好,物种丰富。西晋永康元年(300年),义兴遍访名山宝地,及至鄞县之东谷,爱其峰高林幽、人迹罕至,遂结茅为庐,潜心静修。据传,其苦行修持感动上苍,遂遣太白金星化为童子,照料大师起居,后人遂名是山为"太白",寺为"天童"。宋人薛嵎曾有诗赞天童寺曰:"佛界似仙居,楼台出翠微。浙中山水最,海内衲僧归。草树有真意,禽鱼尽息机。禅房无别事,惟见白云

---

① 冉淑青、裴成荣、张馨:《国内外大遗址保护的经验借鉴与启示》,《人文杂志》2013年第4期。

飞。"山野生态林木之外,寺院内外的古树名木也是一道亮丽的风景线。

(3)遗产保护与改善民生相结合原则

惠及民生是检验大遗址保护工作卓有成效的一个重要标准。在海上丝绸之路大遗址建设中,一是要充分考虑当地社区、民众等利益相关方的基本权益,理顺遗址保护和民生改善的关系,努力做到相互促进、共同发展,通过带动当地文化旅游业的发展,促进当地产业布局的调整和产业功能的转型,使当地民众切实感受到大遗址保护所带来的实惠。二是要将大遗址保护与美化环境相结合,改善当地民众的生活空间,致力于为民众提供公共文化场所和休闲场所。要依托海上丝绸之路大遗址这一公共文化空间,开展高层次、高水平的文化活动,使民众在家门口就能享受高品质的文化生活。三是要充分考虑民众的基本文化需求,创造群众喜闻乐见的文化产品,让大遗址保护更好地服务基层、服务社会、服务大众。要在继承和弘扬区域文化特色上下功夫,致力于突出城市自身的文化内涵和底蕴,延续城市文脉,重塑城市精神,增强民众的文化自信与文化自觉。

(4)遗产保护与城市建设相结合原则

大遗址是人类发展进程中的文化坐标,保护好、利用好大遗址有助于进一步提升区域文化形象。建成集教育、科研、游览等多项功能于一体的城市公共文化空间,将海上丝绸之路大遗址建设成宁波最具特色的文化景观。这不仅有助于改善人们的生活环境,推动城市建设,更可以为区域经济发展构建优越的文化软环境。在宁波海上丝绸之路大遗址保护与城市建设的工作实践中,要严格控制城市格局和整体风貌,注重延续历史脉络,采取可逆性和可识别性的保护手段,塑造具有较高文化品位的城市空间环境。同时,突出城市个性,注重人性,深化城市的人文内涵。

3.宁波海上丝绸之路文化遗产大遗址发展路径

(1)坚持研究先行,夯实建设基础

对宁波海上丝绸之路文化遗产进行系统的梳理、发掘与研究,为明确各个不同时期大遗址的科学价值、建设理念、规划构造、文化内涵和民俗民风,提供翔实、充分的依据。有针对性地编制文物保护方案,科学有效地对遗址实施保护,为整体保护规划的编制提供有力的数据支持。进一步加强科技创新,积极开展核心技术、关键技术、共性技术的攻关,高效推进科技创新成果转化,有效维护海上丝绸之路大遗址安全。

(2)坚持规划先行,引领发展方向

要坚持政府主导,进一步发挥地方政府的主体作用,将大遗址保护纳入经济和社会发展规划,纳入城乡建设规划,纳入各级领导责任制,紧密结合国家的战略要求与地方发展的实际需要,勇于实践,积极探索,拓展符合地方发展需要、代表地方综合实力、体现地方文化特色的大遗址保护和利用模式。要坚持从城市规划入手,统筹解决城市建设和遗址保护关系问题,逐步形成以"翠屏山中央公园—宁波三江口(庆安会馆)—宁波东部新城核心区—阿育王寺、天童寺—东钱湖(南宋石刻公园)"为主的横贯东西的城市历史景观轴线。

(3)坚持科学管理,推进开拓创新

坚持科学管理才能真正落实海上丝绸之路大遗址保护的各项工作,使大遗址保护的各项工作适应不断变化的新形势。① 为此,需要进一步解放思想,积极创新和探索管理制度、体制和机制,不断深化大遗址建设与管理的各种制度设计,充分发挥各种力量的积极性和主观能动性,实现遗址管理的统一、高效和规范;切实加强遗址管理机构的能力建设,从相关行业广泛吸纳懂业务、善管理的高素质复合型人才,全面提升管理机构的设施水平和技术水平,夯实大遗址保护的基础;进一步转变管理思路,丰富管理手段,从遗址空间资源的动态控制和监测入手,实现从粗放式管理到精细化管理的转变,真正发挥以遗址保护为核心的各项工作的最大效用。

(4)坚持可持续发展,鼓励务实创新

在文物本体保护工程设计中,应该最大限度满足遗址承载力,实现遗址保护和工程的可逆性。在遗址内部展示中,可通过声、光、电手段,采用 3D 影片、虚拟漫游、全息模型投影等多种现代数字化手段,将各个历史时期的宁波先人活动、历史事件生动地表达出来,让遗址鲜活起来。为彻底解决大

---

① 单霁翔:《紧抓机遇,再接再厉,全面推进大遗址保护工作》,《中国文物报》2011 年 11 月 30 日。

遗址保护中的资金问题,可在政府主导的前提下,创新遗址保护的运营模式。①

(四)海上丝绸之路文化公园发展

文化公园是以保护、传承和弘扬具有国家或国际意义的文化资源、文化精神或价值观为主要目的,兼具爱国教育、科研实践、娱乐游憩和国际交流等文化服务功能,经国家有关部门认定、建立、扶持和监督管理的特定区域。2017年发布的《国家"十三五"时期文化发展改革规划纲要》首次提出依托长城、大运河等重大历史文化遗产,规划建设一批国家文化公园,形成中华文化重要标识。2019年召开的中央全面深化改革委员会第九次会议审议通过了《长城、大运河、长征国家文化公园建设方案》。由此,文化公园建设进入实质性推进阶段。以文化公园为载体,在全国范围内保护、传承彰显国家精神的文化遗产,并通过展示、传播和体验,增强全民对中华文化、中华文明和中国精神的认同感和归属感,进一步坚定文化自信,增强国民的精神力量,是新时期文化建设的重要内容。

1.建设海上丝绸之路文化公园的意义

当前,宁波应该站在国家战略高度,整合多元力量创建海上丝绸之路文化公园,确保具有生态、文化、美学价值的自然资源、人文景观及非物质文化遗产得到有效保护,丰富人们的精神文化生活。

(1)遗产保护与开发并重,推进文旅融合发展

海上丝绸之路文化遗产是发展现代旅游业的核心资源,旅游开发则是实现海上丝绸之路文化遗产有效保护与活化的重要手段。建设宁波海上丝绸之路文化公园,有利于破解遗产保护与利用之间的矛盾,形成新型的文化公园管理体制和运营机制。

(2)弘扬社会主流价值观,提升国家文化自信

海上丝绸之路文化公园拥有独特的文化资源和精神内涵,既是区域精神的庄严象征,也是传统文化传承的优秀载体。建设海上丝绸之路文化公园,有利于进一步弘扬社会主义核心价值观和社会正能量,带动全社会的民

---

① 王震中:《解读大遗址保护的洛阳模式》,《光明日报》2014年6月18日。

族身份认同感和国家文化自信的整体提升。

(3)丰富文化产品与服务,促进文化产业供给侧结构性改革

在我国经济进入新常态、面临一系列新矛盾和新问题的环境下,特别是"新冠"疫情的影响下,"供需错位"成为文化产业发展中最突出的问题。从供给端入手,提供更高质量的文化产品和服务,是文化产业供给侧结构性改革的着力点。建设海上丝绸之路文化公园,可以整合提供区域具有代表性、经典型的文化休闲服务体验,扩大和引导公共文化消费,增进人民的文化福祉。

(4)推动对外交流与展示,彰显大国文化软实力

海上丝绸之路文化公园作为文明的重要载体,是传统山水文化与东方文明智慧的结晶,肩负着中外文化相互交流、认同、促进的重要使命。在全球文化交流与竞争日益频繁和激烈的今天,建设宁波海上丝绸之路文化公园有利于彰显区域文化魅力和智慧力量,从而显著增强区域文化软实力和竞争力。

2.宁波海上丝绸之路文化公园建设路径

建设宁波海上丝绸之路文化公园应坚持特色引领、传承弘扬、双效统一、科学统筹、内联外引、以人为本的原则,正确处理历史文化遗产保护、传承、利用的关系,统筹社会主义物质文明和精神文明、文化建设与经济建设、文化保护与科技创新之间的关系。结合当今时代要求,要注重文化普惠与文化共享,突出海上丝绸之路文化公园服务的亲民化、标准化、规范化、数字化,积极推动公共文化服务建设发展,打造充满人文关怀的特色文化公园。

(1)立足海上丝绸之路文化遗产本体,打造中华文化重要标志

打造中华文化重要标志是海上丝绸之路文化公园建设的重要目标,海上丝绸之路文化遗产的"点—线—面"遗产本体,本身就是中华文化的重要体现。一是保护好海上丝绸之路文化遗产的原真性和完整性。要保护好海上丝绸之路文化遗产本体,并不断凸显海上丝绸之路文化遗产的文化重要性。二是加强海上丝绸之路文化沿线有机整体环境的塑造与维持。作为一个有机整体,海上丝绸之路是古代中国与世界进行政治、经济、文化交流的重要通道,对沿线风俗传统、生活方式的塑造产生了重要影响。应继续将海

上丝绸之路沿线文化遗产作为一个有机整体来维护。三是发挥海上丝绸之路文化的引领作用，带动整个遗产区域的综合发展。

（2）优化海上丝绸之路文化空间布局，完善功能分区

作为活态的遗产，宁波海上丝绸之路文化公园建设必须以综合保护工程为载体，实现延续文脉、推陈出新，让海上丝绸之路文化公园成为世纪工程、民心工程、精品工程。确立保护历史文化遗产就是保护生产力、保护历史文化遗产是最大的政绩、保护历史文化遗产人人有责、保护与发展相协调的理念，坚持保护第一、应保尽保，重点打造宁波"一馆一带一基地三核"海上丝绸之路文化公园发展空间格局。"一馆"即宁波河海博物馆；"一带"即三江（余姚江—奉化江—甬江）海上丝绸之路文化景观带；"一基地"是"一带一路"发展研究基地；"三核"是三江口海上丝绸之路文化集聚核、天童寺—阿育王寺海上丝绸之路文化集聚核、翠屏山海上丝绸之路文化集聚核。

同时，积极拓展思路、创新方法、完善机制，重点建设海上丝绸之路文化公园的管控保护区、主题展示区、文旅融合区、传统利用区等四类主体功能区。[1]

一是海上丝绸之路文化公园管控保护区。它包括两个层次，即海上丝绸之路文化遗产的保护区和缓冲区、海上丝绸之路文化公园核心区范围内的文物保护单位。这两个层次在空间上可能是重合的，因为在海上丝绸之路文化遗产的保护区和缓冲区包括各种各样的文物保护单位，它们的保护层次从国家级到地方级不等。一言以蔽之，海上丝绸之路文化公园的管控保护区是宁波海上丝绸之路文化遗产保护区和缓冲区，以及这两个区域范围内所有文物保护单位。

二是海上丝绸之路文化公园主题展示区。主题展示区根据文化遗产的分布形态而形成。其间的文化遗产既包括宁波已经被认定的文物，还包括未被列入海上丝绸之路遗产名录的遗产。设立主题展示区的主要目的在于以海上丝绸之路文化公园为中心，结合地理和交通优势，带动周边各类型的文化遗产形成规模效应。

三是海上丝绸之路文化公园文旅融合区。要基于主题展示区的历史文

---

[1]　王晓：《杭州市大运河国家文化公园建设研究》，《中国名城》2020 年第 11 期。

化、自然生态、现代文旅优质资源,重点利用海上丝绸之路文化遗存和文化资源辐射效应,建设文旅深度融合的发展示范区。

四是海上丝绸之路文化公园传统利用区。传统利用区是海上丝绸之路文化公园的功能外溢部分,包括其周边的传统生活生产区域。要求合理保存传统文化生态,逐步疏导不符合建设规划要求的设施项目。该区域是海上丝绸之路文化公园的重要地区,在改善周边地区的人居环境方面有重要作用。

(3)建立海上丝绸之路文化公园建设的统筹保障机制

一是建立统筹管理机制。成立海上丝绸之路文化公园建设项目协调机构,定期或不定期召开联席会议,加强顶层设计,主动谋划领导、组织推进,创新管理模式,开展文化遗产保护、文化展示、生态保护、文旅产业等方面的深度协调工作,推动建立具有准行政区权限的海上丝绸之路文化公园发展区,实现海上丝绸之路文化公园发展区内部资源整体利益最大化。

二是建立科学评价机制。海上丝绸之路文化公园各功能区、展示点的规划设计、基础设施建设、资源整合、技术支撑等,都需要实现不同点线的特色错位发展。从规划开始就需要对文化遗产保护、人文生态保护、自然生态保护、文化特色挖掘、主题定位设计等模块进行评估,防止公园建设的无序、同质化和低效。

三是建立数字化信息管理机制。建立海上丝绸之路文化公园的基础数据资源平台。支持设立专家库,整合与海上丝绸之路文化公园建设相关的专家资源,分类建设海上丝绸之路文史专家、生态管理专家、文化产业专家等资源库。设立海上丝绸之路文化词条、故事库,整理口述史,深挖与海上丝绸之路文脉相关的资料,选择具有突出意义、重要影响、重大主题的题材建设"文化元库"。建立海上丝绸之路文化公园的管理平台,科学设计自上而下的直管审批、汇报、管理、宣传系统。对于一些文化遗产遭破坏的情况,设置专门投诉处理、预警监测办公室。

四是建立多主体广泛参与的协同管理机制。建立常态化的城市间合作协调机制,并加强内部合作,推动海上丝绸之路文化公园的一体化管理和运行。建议成立宁波海上丝绸之路文化公园建设发展集团有限公司,作为海上丝绸之路文化公园资源整合的运行主体;构建统一的运营平台和投融资平台,加快要素市场化配置,形成文化公园投资主体与运营主体多元化格局。

(五)海上丝绸之路文旅融合发展

1.宁波海上丝绸之路文旅融合优势

宁波是古丝绸之路的"活化石"和"一带一路"节点城市。宁波在海上丝绸之路文化体系中曾留下了鲜明的印记,占据着重要地位。在"一带一路"规划引领下,宁波特色文化被赋予时代精神。宁波在推动特色文化"走出去"进程中,凭借着自身以及与海上丝绸之路沿线国家的地缘、文缘、亲缘与商缘优势,通过挖掘"宁波优势"、讲好"宁波故事"、发出"宁波声音"、展示"宁波愿景"、塑造"宁波形象",有效提升宁波海上丝绸之路文化在全国以及"一带一路"共建国家中的影响力。

（1）鲜明的地缘优势

海上丝绸之路之于宁波,不仅是一条海上贸易大通道,更是一个具有丰厚内涵的文化载体。宁波地处中国东南沿海,是海上丝绸之路的主要发祥地和重要起点,是太平洋西岸航线南北通衢的必经之地。凭借得天独厚的海域优势,宁波成为中国与欧亚非各国之间开展商业贸易的通道,成为沟通东西方文明的重要桥梁。

（2）丰厚的文缘优势

宁波对外联系可以远溯到东汉,但其有实际意义的发展当在唐宋以后,当时宁波成为域外文化入华及中国文化向东亚、东南亚传播的交汇点。宋元时期,阿拉伯、波斯、印度等域外文化在宁波传播之后,明显有互相影响的迹象,增添了宁波文化的色彩。明中叶,特别是清代五口通商之后,宁波成为东西方文化的交汇地区。经历 8000 年的发生、传承与发展,宁波形成了以海上丝绸之路文化、阳明文化、藏书文化、商帮文化等为主体的独特地域文化。

（3）天然的亲缘优势

海上丝绸之路文化的传播具有鲜明的双向性、互动性,其千百年来一脉相承的多元、包容、自信、自强的文化心态,更有利于构建跨文化的亲缘性。宁波是全国著名的侨乡。由于地缘相近、习俗相似、文化趋同,民间交流量大面广,在对外交往中,无论是"请进来",还是"走出去",宁波都有天然的优势和氛围。

(4)独特的商缘优势

宁波文化历史悠久,内涵丰厚,风格多样,底蕴丰厚,既是海上丝绸之路的起点,也是陆上丝绸之路的重要节点,在对外经贸文化交流史上曾经发挥过重要作用。开放带来的商业文明,使宁波人拥有了一种闯荡天下的勃勃雄心,并利用下游口岸优势,南下北上,尤借助上海平台,形成独领风骚的地缘性商人群体。

2. 宁波海上丝绸之路文旅融合措施

为进一步找准宁波海上丝绸之路文旅融合发展的契合点,推进海上丝绸之路文旅融合发展,打造产业竞争新优势,宁波应坚持"宜融则融、能融尽融,以文促旅、以旅彰文"的理念,全方位、深层次、宽领域地推动宁波海上丝绸之路文化与旅游发展。

(1)以文促旅、以旅彰文

文化需求是旅游活动的重要动因,文化资源是旅游发展的核心资源,文化创意是提升旅游产品质量的重要途径,文化的生产、传播和消费与旅游活动密切相关。旅游是文化建设的重要动力,是文化传播的重要载体,是文化交流的重要纽带。二者相辅相成、相得益彰、相互促进。因此,在宁波海上丝绸之路文旅融合发展的过程中,要形成以文促旅、以旅彰文的理念。只有文化和旅游相互支撑、优势互补、协同共进,才能形成新的发展优势、新的增长点,才能提升海上丝绸之路文化旅游的竞争力。[①]

(2)强化顶层设计

要理顺体制,特别是要尽快完善自上而下的工作体制。加强海上丝绸之路文化和旅游领域政策、法规、规划、标准的清理、对接、修订,确保相互兼容、不留空白。积极推进资源、平台、工程、项目、活动等融合,加大文化资源和旅游资源的普查、梳理、挖掘力度,以文化创意为依托,推动更多资源转化为旅游产品。做好顶层设计工作,以"十四五"规划编制为契机,提前准备、

---

① 鄞州区文广旅体局党委理论学习中心组:《加快推进鄞州文旅融合发展的对策研究》,《鄞州日报》2020 年 10 月 14 日。

及早谋划,开展充分、深入的调查研究,总结已有经验,研究融合发展新思路,制定有前瞻性的发展规划和有针对性的地方政策。

（3）深化业态融合

实施"文化＋""旅游＋"战略,推动海上丝绸之路文化、旅游及相关产业融合发展,培育新型业态。整合推出一批体现海上丝绸之路文化特色的传统技艺、民俗表演等非遗项目与旅游功能融合的文化特色产品,打造非遗活化项目。研发建设一批海上丝绸之路文化与文化创意、休闲度假、康体养生等融合的文化旅游综合体项目。促进海上丝绸之路文化与旅游演艺、主题公园、主题酒店、研学旅游、体育旅游等的融合发展升级。

（4）组建品牌企业,壮大人才队伍

积极鼓励文化和旅游企业对接合作,支持文化和旅游跨界企业做优做强,推动形成一批以文化和旅游为主业、以融合发展为特色,具有较强竞争力的领军企业、骨干企业。当务之急是培育文化传承人、引进文旅融合带头人、培训文化旅游工作者。

（5）强化创新引领,培育文旅融合新品牌

提升文旅品牌的影响力、传播力。推进与抖音、B站、小红书等新媒体营销合作,利用新媒体平台吸引游客关注宁波海丝文旅,提升流量转化率。加强与驴妈妈、携程、飞猪等OTA(online travel agency,在线旅行社)平台合作,构建交互的智慧化信息共享平台,实现文旅信息的实时传递和反馈。拓宽文旅服务的友好度、满意度。打造智慧文旅公共服务体系,强化"文化云""一卡通"等各类服务平台功能,建设"全程目的地"引导系统,提升旅游目的地和集散地的服务能级。注重公共空间的文化休闲品质提升,打造精品驻场演出,结合5G、VR、AR等科技手段,优化旅游休闲互动体验。

（6）推进主客共享、文旅惠民的公共服务体系建设

在海上丝绸之路文旅融合的工作推进中,要增强服务意识,优化文旅公共服务体系,拓宽公共服务智慧化、普惠化的发展思路,协同做好公共文化服务和旅游公共服务,发挥好综合效益。加大公共服务设施的建设管理力度,比如多功能的游客服务中心、文体中心的建设运营,可以与文创集市、研学空间等结合;在旅游景区、度假区的配置中植入主客共享的文化和旅游新空间,比如书吧、小型剧院等;利用公共文化宣传和活动平台,打造主客共享

的旅游目的地,向游客开放;在旅游公共服务设施的资源开发利用和提升方面,主动注入海上丝绸之路文化基因和创意文化元素,形成新的海上丝绸之路文旅融合空间。

第六章　宁波海上丝绸之路文化遗产发展保障

习近平总书记将文化建设的地位和作用提升到前所未有的新高度，指出："要坚定文化自信，推动中华优秀传统文化创造性转化、创新性发展，继承革命文化，发展社会主义先进文化，不断铸就中华文化新辉煌，建设社会主义文化强国。统筹推进'五位一体'总体布局、协调推进'四个全面'战略布局，文化是重要内容；推动高质量发展，文化是重要支点；满足人民日益增长的美好生活需要，文化是重要因素；战胜前进道路上各种风险挑战，文化是重要力量源泉。"①本书认为，只有大力推进宁波海上丝绸之路文化遗产的创新性发展，才能让其优秀基因、智慧元素不断延续，展现永久魅力和时代风采。

一、形成文化遗产保护全民共识

2022年2月，中共中央宣传部、文化和旅游部、国家文物局印发《关于学

---

① 《习近平主持召开教育文化卫生体育领域专家代表座谈会强调　全面推进教育文化卫生体育事业发展　不断增强人民群众获得感幸福感安全感》，《人民日报》2020年9月23日。

习贯彻习近平总书记重要讲话精神　全面加强历史文化遗产保护的通知》强调要广泛宣传新时代历史文化遗产保护的新进展新成就,增强全社会文物保护意识,汇聚正能量、营造好氛围。

文化遗产历史悠久,遗产保护之路更长远,我们应当用行动守住文化之魂。当前,海上丝绸之路文化遗产的保护和抢救工作任务繁重,迫切需要来自各个方面的理解、支持和参与。要遵循政府主导、社会参与的原则,广泛开展面向社会公众特别是广大青少年的宣传教育活动,提高人民群众对文化遗产保护重要性的认识,激发青少年热爱祖国优秀传统文化的热情,增强全社会的文化遗产保护意识。通过宣传,在全社会形成保护海上丝绸之路文化遗产的共识,让广大居民认识到保护好海上丝绸之路文化遗产既是尊重历史、认识历史的客观需要,也是新时期社会主义建设的需要。因此,这不是政府或者某个部门的事情,而是一项需要全社会共同参与、常抓不懈的工作。

(一)政府部门积极引导

各级政府部门要在海上丝绸之路文化遗产保护方面积极引导,不仅要为文化遗产的保护提供技术、资金上的支持,还要建立一套科学的政策、法规体系作为遗产保护的规范和保障。为此,政府部门要积极组织各种力量,加大对海上丝绸之路文化遗产保护的宣传,经常开展海上丝绸之路文化遗产保护的主题宣传活动,使人们自觉主动地投入文化遗产保护。组织新闻媒体大力宣传保护文化遗产的先进典型,及时曝光破坏海上丝绸之路文化遗产的违法行为及事件,发挥舆论监督作用。通过经常性的宣传教育工作使全社会都认识到海上丝绸之路文化遗产保护工作的紧迫性、艰巨性和重要性,提高全民参与文化遗产保护的意识,在全社会营造海上丝绸之路文化遗产保护的舆论氛围,夯实保护工作的群众基础。从宁波众多的海上丝绸之路事迹、诗词、故事等文化遗产中选取典型的内容,融入全民教育。要借助各种合适的时机,定期或不定期地举办海上丝绸之路文化展览、演出活动,让广大市民免费参加,让他们对海上丝绸之路文化遗产有更深入、更全面的了解。

(二)教育部门主动参与

教育部门要根据教育教学的要求,结合宁波海上丝绸之路文化遗产实际，加强校本教材开发与建设。把海上丝绸之路事迹、故事、精神的传承等纳入学校日常教育，把优秀文化内容和文化遗产保护知识纳入教学计划，编入教材，并组织学生参观考察，激发青少年爱国爱家的热情。文物保护部门和文化管理部门要编写海上丝绸之路文化遗产宣传教育读本，进学校、进社区、进机关团体和企事业单位，扩大宣传面，并通过论坛、讲座等活动，提高文化遗产保护相关知识的普及率。

二、创新文化遗产管理机制

科学的管理机制是海上丝绸之路文化遗产保护的重要保障。宁波海上丝绸之路文化遗产种类繁多，地域分布广泛，保护工作涉及很多部门，如文旅部门、文物部门、建设部门、教育部门、财政部门、环保部门、科技部门、文物部门等。众多部门共同管理，容易造成交叉重叠，成本高、效率低，使各项工作难以落到实处。建议宁波市政府成立专门的机构，如宁波海上丝绸之路文化遗产管理委员会，专门负责海上丝绸之路文化遗产的管理工作。委员会对分属不同部门的文化遗产应该具有统一的管理权，对各部门文化遗产的管理工作具有指导权和监督权。同时，编制一系列与海上丝绸之路文化遗产保护相关的地方性法律法规，以及相关的保护与管理制度，促进行政管理手段精细化、规范化。

一方面，各部门要充分认识到保护宁波海上丝绸之路文化遗产的必要性和重要性。对文化遗产的价值要有正确的认识，要有长远的战略眼光，要树立"以保护促开发、以开发促保护"的理念，避免为追求经济效益而破坏海上丝绸之路文化遗产的短期行为，更不能对文化遗产进行无限度开发。要加强领导，制定切实可行的政策，加大管理力度，精心组织，精心实施，确保海上丝绸之路文化遗产保护工作获得实效。要发挥政府的主导作用，建立协调有效的保护工作领导机制。吸纳宁波大学、宁波海上丝绸之路研究院、海丝之路文化遗产活化利用研究中心等有关研究机构、大专院校、企事业单位、社会团体等各方面力量，共同开展海上丝绸之路文化遗产保护工作。组织建立专家智库，充分发挥专家的作用，建立海上丝绸之路文化遗产保护专家咨询机制和检查监督制度。

另一方面，进一步建立社会化的文化遗产保护机制，鼓励公众参与海上丝绸之路文化遗产保护。文化遗产保护管理体制的形成，不仅代表了民众参与海上丝绸之路文化遗产保护的热情与自觉性，更重要的是，民众参与海上丝绸之路文化遗产保护是增强社会凝聚力的可靠保障。构建社区参与、民众参与的社会化文化遗产保护机制，必然会使宁波海上丝绸之路文化遗产保护效果更明显。

三、加快文化遗产保护与申遗进程

世界遗产是指被联合国教科文组织和世界遗产委员会确认的人类罕见的、目前无法替代的财富，是全人类公认的具有突出意义和普遍价值的文物古迹及自然景观。2006 年，我国将丝绸之路列入中国世界遗产预备名录时，含沙漠路线和海洋路线两条线路。随着 2014 年中国、哈萨克斯坦、吉尔吉斯斯坦三国联合申报的"丝绸之路：长安—天山廊道的路网"成功列入《世界遗产名录》，海上丝绸之路的保护和申遗工作也引起高度关注和重视。

海上丝绸之路文化遗产申遗，可以强力推进我们深入挖掘宁波优秀传统文化的内涵，建构起更为强大且深刻的文化自觉与文化自信，扩充区域的文化软实力，形成区域的文化品牌。

（一）宁波参与申遗过程

21 世纪伊始，宁波为打造海上丝绸之路城市文化品牌，传承与弘扬海上丝绸之路精神，扩大海上丝绸之路的文化影响力，积极参与海上丝绸之路联合申遗工作，取得了令人瞩目的成绩。

2001 年，宁波揭开了宁波海上丝绸之路申报世界文化遗产的序幕。当年，宁波举行海上丝绸之路文化国际学术研讨会，专家建议中国古代三大海上丝绸之路始发港宁波、泉州、广州联合申遗，发表了 21 世纪的海上丝绸之路申遗重要文献《宁波共识》。这是联合申遗理念的最早共识。此后，围绕海上丝绸之路文化，宁波历史文化主题得到了三次提炼，实现了质的飞跃。

第一次是在 2002 年,宁波提出作为中国历史文化名城的内核是"以浙东学术文化为核心,以海上丝绸之路为主线"。第二次是在 2009 年,宁波在社会上应征城市主题形象口号,最终选定的"书藏古今,港通天下"再次提升了海上丝绸之路文化的认知度。第三次是在 2010 年,宁波召开的"大运河与海上丝绸之路"论坛确认宁波是中国大运河最南端的出海口,是连接海上丝绸之路的起点。人们逐渐清晰地认识到宁波作为海上丝绸之路起点城市的独特性。

2011 年,"海上丝绸之路·宁波部分"申报世界文化遗产项目继续推进,并实现了重要突破。4 月,广州、扬州、泉州、蓬莱和宁波五家海上丝绸之路申遗城市博物馆馆长联席会议在宁波召开,就打造"中国海上丝绸之路"申遗五城市博物馆联合运作机制、共同推进中国海上丝绸之路达成共识,搭建了一个融合、共享、发展的新平台,从而实现资源的整合与优势的互补,并为海上丝绸之路申遗工作奠定更扎实的基础。12 月,"海上丝绸之路与世界文明进程"国际论坛在宁波举行,联合国教科文组织驻北京办事处、国家文物局、浙江省文物局相关领导,蓬莱、扬州、宁波、泉州、广州、北海以及新加入联合申遗的漳州市政府领导出席论坛。在论坛期间,七市共同签署了《新机遇、新挑战、新跨越——中国"海上丝绸之路"七城市联合申报世界文化遗产行动纲领》。该纲领的签署标志着海上丝绸之路联合申遗进入实质性行动阶段。

2016 年,国家文物局下发《关于进一步加快海上丝绸之路保护和申遗工作的通知》,天童寺和保国寺、永丰库遗址、上林湖越窑遗址等一起,作为申报城市之一宁波的遗产点,列入我国 2018 年申遗推荐项目"海上丝绸之路:中国史迹"的首批名单。

2018 年 4 月,宁波与广州、南京共同发起,成立了海上丝绸之路保护和联合申遗城市联盟,24 个中国城市共同签署了《海上丝绸之路保护和联合申报世界文化遗产城市联盟章程》。该联盟以推动形成海上丝绸之路跨国文化线路的国内、国际共识,发挥海上丝绸之路文化遗产在促进和支持"一带一路"世界性愿景中的积极作用,推动全人类社会的共同繁荣与进步为目标。目前,该联盟共有成员 34 个。①

2019 年,海上丝绸之路保护和联合申报世界文化遗产城市联盟联席会议审议通过《海上丝绸之路保护和联合申报世界文化遗产三年行动计划(2019—2021 年)》。根据计划,联盟城市将积极配合中国文化遗产研究院考察评估海上丝绸之路史迹点,为国家文物局确定新的海上丝绸之路史迹点名单、编制海上丝绸之路史迹点保护规划、开展文物保护修缮和环境整治、开展日常监测管理以及提升保护水平等提供依据。

2022 年,海上丝绸之路保护和联合申报世界文化遗产城市联盟联席会议审议通过了《"海上丝绸之路·中国史迹"保护状况报告》《海上丝绸之路保护和联合申报世界文化遗产三年行动计划(2023—2025 年)》。

(二)宁波参与海上丝绸之路申遗与保护的建议

推动海上丝绸之路保护和申报世界文化遗产是贯彻落实习近平总书记提出的"一带一路"倡议的重要实践。国际古迹遗址理事会在对陆上丝绸之路开展专项课题研究时曾提出:"这条路上的每个遗产保护点本身都不具备独立的世界遗产价值,只有将它们联系到一起,才能构成一个整体的价值。"本书认为,这一理念同样适用于海上丝绸之路。海上丝绸之路文化遗产申遗需要凝心聚力,集中多方力量协同完成。

宁波始终牢记习近平总书记嘱托,坚定不移地保护好、传承好、利用好海上丝绸之路文化遗产,并按照坚持有利于突出中华文明的历史文化价值、有利于体现中华民族的精神追求、有利于向世人展示全面真实的古代中国和现代中国的原则,全力推进海上丝绸之路申报世界文化遗产的工作。

第一,科学编制和实施海上丝绸之路文化遗产保护与申遗总体方案。认真按照国家文物局《海上丝绸之路保护和联合申报世界文化遗产三年行动计划(2023—2025 年)》的总体部署和要求,在中国文化遗产研究院等相关申遗权威机构的专业指导下,科学编制《宁波市海上丝绸之路文化遗产保护与申遗总体方案》,并对照《保护世界文化和自然遗产公约》及其操作指南,

---

① 34 个联盟成员为:宁波、广州、南京、漳州、莆田、江门、丽水、阳江、扬州、福州、蓬莱、北海、黄骅、汕头、三亚、湛江、潮州、南通、连云港、苏州、淄博、上海、东营、威海、长沙、澳门、青岛、惠州、香港、杭州、温州、茂名、佛山、钦州。

制定《海上丝绸之路宁波史迹保护和申遗工作实施方案》，围绕申遗目标，加强规划引领，实施保护工程，推进活化利用，强化交流传播，全面、系统、有序推进宁波市海上丝绸之路文化遗产保护与申遗的各项工作。

第二，全面开展宁波海上丝绸之路申遗的基础材料整理工作，充分阐释海上丝绸之路遗产的真实性、完整性、科学性及其突出普遍价值，为成功申遗奠定基础。成立宁波海上丝绸之路史迹申报世界文化遗产专家委员会，聘请相关领域专家学者，发挥学术机构团体的智库作用，对海上丝绸之路历史渊源、发展脉络、基本走向等进行研究，对照文献遗迹与遗物进行考证，充分发挥效用。对宁波海上丝绸之路史迹及文献资料进行全面的收集和梳理，在考古发现、地面史迹和文献辑要等方面，形成有关宁波海上丝绸之路史迹资料最为翔实、全面的汇编。选择确定遗产点，挖掘独特之处。依托宁波市文物考古研究所（国家水下文化遗产保护宁波基地、中国国家博物馆水下考古宁波基地），开展对宁波海上丝绸之路历史的考古辨识，对海上丝绸之路遗产构成的考古辨析，对海上丝绸之路相关工艺与工程技术及其核心价值的考古阐释，对海上丝绸之路衍生的各类文化遗存的考古阐释，等等。联合浙江省海上丝绸之路申遗城市，共同搭建海上丝绸之路学术交流平台，举办海上丝绸之路学术研讨会，扩大海上丝绸之路申遗影响力。

第三，发挥政府的宏观指导职能，完善联合申遗机制。申遗工作量大面广，要尽快设立由市主要领导任组长，各相关部门领导组成的工作指挥小组，负责全市申报工作的组织和领导，协调解决重大问题，统筹指导区域海上丝绸之路申遗工作和统一制定"海上丝绸之路·宁波史迹"申报路线图，积极争取获得浙江省、国家文物局等相关部门对宁波海上丝绸之路史迹申报世界文化遗产的重视和支持。申遗要有经费保障，其费用支出主要在基础设施和配套设施建设、景区环境综合治理、文物古迹和非物质文化遗产的抢救保护以及基础研究、规划编制、研讨会等方面。因此，需要政府安排申遗专项经费和遗产保护专项资金。加强宁波与杭州、温州、舟山、丽水等城市海上丝绸之路申遗机构及文博机构的合作，完善联合申遗协调机制，共同筹备申遗活动和举办业务培训；鼓励其他沿海城市加入海上丝绸之路申遗队伍，壮大申遗团队力量。同时，以海上丝绸之路的历史关联为纽带，建立宁波与国内相关城市、与"一带一路"共建国家的文化交流机制，搭建协同申遗平台。

第四，重视人才建设，倾力打造一支专业高效、结构合理、相对稳定的文化遗产保护和申遗人才队伍。树立强烈的人才意识，积极做好团结、引领、服务工作，真诚关心人才、爱护人才、成就人才，有效解决人才"引进来""留得住""用得上"的问题。用活用好现有人才引进政策，放宽高层次人才准入条件，适当降低文物保护、考古及申遗领域岗位的学历要求，多渠道引进专业人才。积极落实高层次人才补贴和专业技术岗位人才津贴的发放，为外来人才在住房、租房、买房等方面提供便利，免除基层人才、外来人才的后顾之忧。强化人才教育培训，积极举办包括申遗政策、国际国内申遗工作进展、遗产监测、档案建设、规划实施等方面内容的业务培训，不断拓宽人才视野，提升其专业水平和综合素质。

四、提升文化遗产社会影响力

海上丝绸之路文化品牌的塑造是一项长期摸索与实践的过程，需要系统、全面地进行规划，需要政府、媒体、学者等多个层面积极发声，通过学术普及、大众传播、公共宣传，以及打造重量级的文化地标或举办节庆活动等方式，全方位提升海上丝绸之路历史文化的能见度、认知度和社会影响力。

（一）深掘文化内涵，打造海上丝绸之路文化展示中心

第一，实施海上丝绸之路文化研究工程，打造海上丝绸之路文化研究高地。充分借助国内外高校院所及在甬高校、智库研究机构，开展宁波海上丝绸之路历史文化溯源与传承研究、海上丝绸之路历史人物谱系研究、海上丝绸之路遗存整理、海上丝绸之路文化艺术荟萃、海上丝绸之路文献汇编、海上丝绸之路民间传说故事挖掘整理等项目，形成清晰的宁波海上丝绸之路文化研究谱系与脉络，同时对遗产的价值构成、时空格局等开展深层次的专题研究。

第二，提升海上丝绸之路文化展览水准，打造海上丝绸之路文化展示矩阵。加快谋划和推进河海博物馆、大运河（宁波段）国家文化公园等新项目

建设;以三江口沿江公园为基础,建设海上丝绸之路文化主题公园;结合文创港、老外滩、庆安会馆、东外滩等区域,打造海上丝绸之路文化风情展示区;规划打造千年海曙罗城博物馆群、望京门城墙遗址博物馆、宁波塘河文化陈列馆,积极推动宁波水利博物馆建设;实施宁波博物馆、中国港口博物馆等海上丝绸之路文化展陈提升项目,以及机场、车站、码头等城市空间海上丝绸之路文化标识化项目,构建完善、可亲、可感的宁波海上丝绸之路文化展示矩阵。

(二)实施"文化十",推进海上丝绸之路文化产业发展

第一,大力推进海上丝绸之路文化产业发展,打造文化产业转化基地。顶层谋划海上丝绸之路文化产业园、海洋馆等建设项目,高质量举办海上丝绸之路文化和旅游博览会,促进海上丝绸之路文创产业提质升级。

第二,开展海上丝绸之路文旅精品路线设计,打造海上丝绸之路文化旅游目的地。依托海上丝绸之路历史文化遗存、博物馆、历史街区等载体以及自然景观,设计海上丝绸之路历史文化精品路线,遴选和培育海上丝绸之路文化网红打卡地,开发海上丝绸之路文化研学项目等。

第三,推进海上丝绸之路赛事活动举办,打造文化国际赛事基地。依托宁波的湖泊、山林等自然资源,以 2023 年亚运会为契机,开展帆船赛、皮划艇赛等体育运动赛事项目;依托高等院校,谋划举办海上丝绸之路创新创业设计大赛等项目,将宁波打造成海上丝绸之路文化国际赛事中心。

第四,推进海上丝绸之路数字赋能,打造海上丝绸之路文化"元宇宙"。充分利用数字技术及 VR、AR 等高新技术,通过数字赋能海上丝绸之路文化,推进海上丝绸之路指数挖掘与提升项目、宁波府城数字复原项目、海上丝路场景复原项目、海上丝绸之路遗存数字化展陈项目等,使宁波成为国内数字海上丝绸之路的先行者、引领者。[①]

(三)借助多元传播媒介,构建海上丝绸之路文化传播体系

第一,全方位加快海上丝绸之路文化传播。推动海上丝绸之路文化标识融入城市规划、城市发展的方方面面,打造一批彰显海上丝绸之路文化、

---

① 徐侠民:《擦亮现代化滨海大都市的"海丝金名片"》,《宁波日报》2022 年 7 月 21 日。

体现宁波特色的地标建筑与建筑小品,建设融媒体矩阵,使海上丝绸之路文化有表述、有展示、有遗址,可见、可感、可传承,持续扩大海上丝绸之路文化的影响力和穿透力。

第二,大力开发海上丝绸之路元素文化创意产品。在陶瓷、木雕、骨木镶嵌、金银彩绣、竹器等传统工艺产品中,融入海上丝绸之路文化元素,提高产品的附加值。同时,以海上丝绸之路文化为主线,开发系列文化创意产品、文化旅游商品和数字创意产品,大力发展具有产业开发价值的原创海上丝绸之路文化创意产业。

第三,探索成立"宁波海上丝绸之路文化品牌推广基金",由政府出面,组织企业在商标宣传、创意广告中植入宁波海上丝绸之路文化元素,宣传宁波的海上丝绸之路特色,并适当向这些积极参与推介宁波海上丝绸之路文化品牌的企业发放一定的奖励。

第四,搭建海上丝绸之路文化"走出去"平台。瞄准"一带一路"共建国家和东亚国家,办好中国—中东欧国家投资贸易博览会等重大会议,利用好索菲亚中国文化中心和宁波市国际文化交流中心两大阵地,承接好文化和旅游部对外文化交流项目和活动,发展好"东亚文化之都"城市联盟等平台,持续办好"海外宁波周"等活动,积极推动海上丝绸之路文化"走出去",提升宁波海上丝绸之路文化品牌的国际影响力和辐射力。

(四)加强区域协同,提升海上丝绸之路文化品牌内涵

按照一体化发展的要求,坚持统筹协调、联动发展,加强宁波市与浙江省内、国内遗产城市、沿线国家与地区的协助,建立和完善合作机制,加强整体规划,推动资源有效配置与融合,提升海上丝绸之路文化品牌能级。密切同海上丝绸之路沿线国家与地区之间的经贸和文化往来,推动建立联席会议制度,聚合各方力量,深化海上丝绸之路城市联盟合作;通过筹划举办海上丝绸之路城市主题互展、国际海上丝绸之路艺术节、海上丝绸之路论坛、海上丝绸之路精品剧目展演活动、"丝路之路万里行"文化体验活动等方式,在文化保存、文化宣传、经济文化共建等方面实现取长补短、携手发展,进一步明确和强化宁波作为海上丝绸之路代表性城市的地位,提升宁波海上丝绸之路文化品牌影响力。

参考文献

安志敏:《长江下游史前文化对海东的影响》,《考古》1984 年第 5 期。

白斌、刘玉婷、刘颖男:《宁波海洋经济史》,浙江大学出版社,2018 年。

白斌、王园园、柏芳芳:《二十五史宁波史料集》,宁波出版社,2014 年。

鲍贤昌、陆良华:《探寻古鄞》,宁波出版社,2012 年。

布尔努瓦:《丝绸之路》,耿昇译,山东画报出版社,2001 年。

C. R. 博克舍:《十六世纪中国南部行纪》,何高济译,中华书局,1990 年。

陈国灿、奚建华:《浙江古代城镇史研究》,安徽大学出版社,2000 年。

陈惠平:《"海上丝绸之路"的文化特质及其当代意义》,《中共福建省委党校
学报》2005 年第 2 期。

陈述:《杭州运河历史研究》,杭州出版社,2006 年。

陈素君:《盛世华堂绣金银——宁波金银彩绣记》,《鄞州史志》2019 年第
3 期。

陈炎:《海上丝绸之路与中外文化交流》,北京大学出版社,1996 年。

陈贞寿:《丝绸之路促文明——宋代与元代的海上贸易与海防》,中国大百科
全书出版社,2018 年。

成岳冲:《论宋元宁波地区主干水利工程的分布与定型》,《浙江学刊》1993 年
第 6 期。

程启坤、庄雪岚:《世界茶业 100 年》,上海科技教育出版社,1995 年。

邓炳权:《海上丝绸之路与相关文物古迹的认定》,见程存洁:《广州文博》(第2辑),文物出版社,2008 年。

丁洁雯:《从朱金漆木雕看宁波与日本文化交流》,《中国港口》2016 年第 1 期(增刊)。

丁洁雯:《大运河(宁波段)与海上丝绸之路的重要衔接——记庆安会馆的起源、价值与保护对策》,《宁波大学学报(人文科学版)》2016 年第 4 期。

董贻安:《浙东文化论丛》,中央编译出版社,1995 年。

董有华、李建树:《宁波与日本航海交往史话》,中国国际广播出版社,2000 年。

董忠耿:《论唐宋时期越窑青瓷的对外输出》,《南方文物》1994 年第 4 期。

杜建海、戴松岳:《鄞州人文读本》,浙江古籍出版社,2008 年。

杜瑜:《海上丝路史话》,中国大百科全书出版社,2000 年。

段光清:《镜湖自撰年谱》,中华书局,1997 年。

格鲁赛:《蒙古史略》,冯承钧译,商务印书馆,1934 年。

龚缨晏:《20 世纪中国"海上丝绸之路"研究集萃》,浙江大学出版社,2011 年。

龚缨晏:《关于宁波古代海上丝绸之路的几个问题》,《宁波大学学报(人文科学版)》2016 年第 3 期。

龚缨晏:《中国"海上丝绸之路"研究百年回顾》,浙江大学出版社,2011 年。

顾军、苑利:《文化遗产报告——世界文化遗产保护运动的理论与实践》,社会科学文献出版社,2005 年。

胡惠林、陈昕:《中国文化产业评论》(第 11 卷),上海人民出版社,2010 年。

黄定福:《宁波近代建筑研究》,宁波出版社,2010 年。

黄浙苏、丁洁雯:《论庆安会馆的当代利用》,《中国名城》2011 年第 6 期。

季羡林:《中国蚕丝输入印度问题的初步研究》,《历史研究》1955 年第 4 期。

姜彬、金涛:《东海岛屿文化与民俗》,上海文艺出版社,2005 年。

蒋兆成:《明清杭嘉湖社会经济研究》,浙江大学出版社,2002 年。

金普森、陈剩勇:《浙江通史》,浙江人民出版社,2005 年。

康慨:《〈巴黎圣母院〉成为法国头号畅销书》,《中华读书报》2019 年 4 月 24 日。

孔凡礼:《三苏年谱》(第1册),北京古籍出版社,2004年。

乐承耀:《宁波古代史纲》,宁波出版社,1995年。

乐承耀:《宁波经济史》,宁波出版社,2010年。

李白:《李白全集》,上海古籍出版社,1996年。

李伯重、董经胜:《海上丝绸之路:全球史视野下的考察》,社会科学文献出版
　　社,2021年。

李广志:《明州工匠援建日本东大寺论考》,《宁波大学学报(人文科学版)》
　　2010年第5期。

李海燕、权东计:《国内外大遗址保护与利用研究综述》,《西北工业大学学报
　　(社会科学版)》2007年第3期。

李加林、王杰:《浙江海洋文化景观研究》,海洋出版社,2011年。

李庆新:《濒海之地:南海贸易与中外关系史研究》,中华书局,2010年。

林浩:《关于宁波"海上丝绸之路"各个时期特点的探讨》,《东方博物》2005年
　　第2期。

林士民、沈建国:《万里丝路——宁波与海上丝绸之路》,宁波出版社,
　　2002年。

林士民:《宁波造船史》,浙江大学出版社,2012年。

林士民:《三江变迁——宁波城市发展史话》,宁波出版社,2002年。

刘恒武:《宁波古代对外文化交流——以历史文化遗存为中心》,海洋出版
　　社,2009年。

刘进宝:《从提出背景看"丝绸之路"概念》,《中国社会科学报》2022年5月
　　23日。

刘俊军、刘恒武:《宁波海上丝路文化》,宁波出版社,2019年。

刘晓斌:《宋元龙泉青瓷外销探析》,《江西文物》1991年第4期。

刘义杰:《中国古代海上丝绸之路》,海天出版社,2019年。

莫意达:《王朝的海关:市舶司与"海上丝绸之路"》,《宁波博物馆》2016年
　　9月1日。

木宫泰彦:《日中文化交流史》,胡锡年译,商务印书馆,1980年。

宁波"海上丝绸之路"申报世界文化遗产办公室、宁波市文物保护管理所、宁
　　波市文物考古研究所:《宁波与海上丝绸之路》,科学出版社,2006年。

宁波帮博物馆:《宁波人文轶事》,宁波出版社,2017年。

宁波金融志编纂委员会:《宁波金融志》,中华书局,1996年。

宁波市地方志编纂委员会:《宁波市志(全三册)》,中华书局,1995年。

宁波市江东区地方志编纂委员会:《宁波市江东区志》,浙江人民出版社, 2016年。

宁波市鄞州区地方志编纂委员会:《宁波市鄞州区志(1978—2008)》,浙江古 籍出版社,2016年。

宁波中国港口博物馆、四明影社:《丝路·港城:宁波"海丝"的影像文本》,宁 波出版社,2019年。

冉淑青、裴成荣:《国内外大遗址保护的经验借鉴与启示》,《人文杂志》2013 年第4期。

饶宗颐:《选堂集林·史林》上册,香港中华书局,1982年。

沙畹:《西突厥史料》,冯承钧译,中华书局,2004年。

单霁翔:《紧抓机遇,再接再厉,全面推进大遗址保护工作》,《中国文物报》 2011年11月30日。

单霁翔:《用提案呵护文化遗产》,天津大学出版社,2013年。

施坚雅:《中华帝国晚期的城市》,叶光庭等译,中华书局,2000年。

斯文·赫定:《丝绸之路》,江红、李佩娟译,新疆人民出版社,1996年。

松浦章:《海上丝绸之路与亚洲海域交流(15世纪末—20世纪初)》,大象出 版社,2018年。

苏全有、陈建国:《中国社会史专题研究》,内蒙古人民出版社,2006年。

苏勇军:《明代浙东海防研究》,浙江大学出版社,2014年。

苏勇军:《浙东海洋文化研究》,浙江大学出版社,2011年。

苏勇军:《浙江海洋文化产业发展研究》,海洋出版社,2011年。

苏勇军、李加林等:《浙江省滨海旅游发展报告》,浙江大学出版社,2016年。

苏勇军等:《浙江海洋文化产业发展报告》,海洋出版社,2016年。

孙光圻:《中国古代航海史》,海洋出版社,2005年。

孙梅生、蔡体谅:《浙东的海防战争和海防文化》,《宁波通讯》2007年第9期。

《天南海北鄞州人》编委会:《天南海北鄞州人》,宁波出版社,2019年。

田汝成:《西湖游览志余》,上海古籍出版社,1980年。

仝艳锋:《山东半岛沿海文化遗产价值分析》,《人文天下》2016 年第 19 期。

涂师平:《羽人竞渡》,宁波出版社,2014 年。

王福州:《"文化遗产"的中国范式及体系建构》,《中国非物质文化遗产》2020 年第 2 期。

王慕民、张伟、何灿浩:《宁波与日本经济文化交流史》,海洋出版社,2006 年。

王巧玲:《宁波金银彩绣渊源浅谈》,《宁波广播电视大学学报》2008 年第 3 期。

王青松:《南宋海防初探》,《中国边疆史地研究》2004 年第 3 期。

王瑞成、孔伟:《宁波城市史》,宁波出版社,2010 年。

王士性:《广志绎》,中华书局,1981 年。

王万盈:《海丝文化研究》(第 2 辑),厦门大学出版社,2021 年。

王万盈:《东南孔道——明清浙江海洋贸易与商品经济研究》,海洋出版社,2009 年。

王晓:《杭州市大运河国家文化公园建设研究》,《中国名城》2020 年第 11 期。

王欣:《中国旅游文化演艺发展研究》,旅游教育出版社,2017 年。

王震中:《解读大遗址保护的洛阳模式》,《光明日报》2014 年 6 月 18 日。

温尔平:《话说浙海常关》,《鄞州史志》2017 年第 3 期。

吴海霞:《鄞州年轮里的人文之光》,宁波出版社,2017 年。

吴忠、吴敏:《东钱湖南宋石刻群的艺术特征》,《装饰》2006 年第 3 期。

伍鹏:《浙江海上丝绸之路文化》,经济科学出版社,2016 年。

肖宪:《海上丝路的千年兴衰》,中国书籍出版社,2020 年。

谢安良:《丝路听潮——海上丝绸之路文化》,宁波出版社,2014 年。

谢国旗:《最后的遗产》,宁波出版社,2013 年。

徐剑飞:《鄞州佛教文化》,宁波出版社,2009 年。

徐明德:《论明清时期的对外交流与边治》,浙江大学出版社,2006 年。

徐侠民:《擦亮现代化滨海大都市的"海丝金名片"》,《宁波日报》2022 年 7 月 21 日。

徐祖光:《宁波钩沉》,宁波出版社,2014 年。

许勤彪:《宁波历史文化二十六讲》,宁波出版社,2005 年。

雅克·布罗斯:《发现中国》,耿昇译,山东画报出版社,2002 年。

杨劲松:《突出文化内涵创新表现形式　推动旅游演艺高质量发展》,《中国旅游报》2020 年 7 月 16 日。

姚小云、刘水良:《武陵山片区非物质文化遗产保护与旅游利用》,西南交通大学出版社,2015 年。

宜兴市政协学习和文史委员会、宜兴市华夏梁祝文化研究会:《宜兴梁祝文化——史料与传说》,方志出版社,2003 年。

鄞州区社科院(联):《从鄞商看"实干、担当、奋进"的新时代鄞州精神》,《鄞州史志》2019 年第 4 期。

鄞州区文广旅体局党委理论学习中心组:《加快推进鄞州文旅融合发展的对策研究》,《鄞州日报》2020 年 10 月 14 日。

余晋岳:《世界文化与自然遗产手册》,上海科学技术出版社,2004 年。

虞浩旭:《浙东历史文化散论》,宁波出版社,2004 年。

禹玉环:《遵义市红色文化遗产保护与开发利用问题研究》,西南交通大学出版社,2016 年。

张传保、赵家荪:《鄞县通志》,宁波出版社,2006 年。

张津:《乾道四明图经》,《宋元浙江方志集成》第 7 册,杭州出版社,2009 年。

张明华:《海上丝绸之路——宁波的历史与未来》,浙江大学出版社,2018 年。

张善余:《中国人口地理》,科学出版社,2003 年。

张伟、苏勇军:《浙江海洋文化资源综合研究》,海洋出版社,2014 年。

张伟:《浙江海洋文化与经济》(第 1 辑),海洋出版社,2007 年。

张伟:《浙江海洋文化与经济》(第 2 辑),海洋出版社,2008 年。

张伟:《浙江海洋文化与经济》(第 3 辑),海洋出版社,2009 年。

张晓斌、郑君雷:《广东海上丝绸之路史迹的类型及其文化遗产价值》,《文化遗产》2019 年第 3 期。

章深:《宋元海上丝绸之路史》,世界图书出版公司,2020 年。

赵汝愚:《宋朝诸臣奏议》(下),上海古籍出版社,1999 年。

赵锡:《互联网＋博物馆数字化建设的思考——以宁波中国港口博物馆为例》,《中国港口》2016 年第 1 期(增刊)。

浙江省鄞县地方志编纂委员会:《鄞县志》,中华书局,1996 年。

郑蓉:《大海和声:浙江"海丝文化"调研文集》,学苑出版社,2019 年。

郑绍昌:《宁波港史》,人民交通出版社,1989年。

中共鄞州区委党史办公室、鄞州区人民政府地方志办公室:《鄞州记忆》,浙江人民出版社,2013年。

中国旅游文化大辞典编辑委员会:《中国旅游文化大辞典》,江西美术出版社,1994年。

周达章:《宁波海丝文化》,宁波出版社,2017年。

周时奋:《话说鄞州》,浙江摄影出版社,2010年。

周长山:《"海上丝绸之路"概念之产生与流变》,《广西地方志》2014年第3期。

祝永良:《宋韵流淌:看鄞地文化如何在他国生根绽放》,《鄞州日报》2021年10月15日。

庄丹华:《宁波商帮文化教程》,北京理工大学出版社,2016年。

附　录

附录1　宁波市海上丝绸之路物质文化遗存清单(部分)

第一类:港口与贸易

序号	名称	地点	类别	时代	简介	现状	文保级别
1	东门口码头	海曙区东门口中山东路 260 号	旧址	唐—元	1978 年 8 月和 1979 年 4 月进行了两次抢救性发掘,发掘面积约 350 平方米。清理出 3 处建造考究的石砌海运码头遗迹,一艘尖头、尖底、方尾的三桅外海船,大量残存的越窑、龙泉窑等所产青瓷或青白瓷碎片,以及众多铸有"太平通宝""天禧通宝""熙宁元宝""元丰通宝""元祐通宝""大观通宝""绍兴元宝"等字样的古钱币	回填保护,近期暂无考古发掘条件	
2	和义路船场(厂)	海曙区和义路 109 号对面	旧址	唐—元	1998 年 5 月发掘,发掘面积 376 平方米,文化层厚 4.0～4.4 米。在唐、宋、元各文化层中保存了不同时期的船板、船首、肋骨和船用木料,加工后留下的大量木屑、油灰等物。文献记载为战船街,因造船而得名,发掘资料证明是明州的造船场(厂),是造船基地之一	回填保护,近期暂无考古发掘条件	

序号	名称	地点	类别	时代	简介	现状	文保级别
3	市舶司（务）遗址	海曙区东渡路29号	旧址	宋—元	1995年2月至4月底发掘,发掘面积500平方米。清理宋元市舶司(务)城门段城墙一段;在60余平方米范围内清理出北宋市舶库基址地坪,地坪以小方砖铺设。元代舶库直接建在宋舶库基址上,有石砌山墙和长方形砖铺设的地坪。明州(庆元)市舶司的创设,标志着明州港的海外贸易进入了一个新的阶段,同时也在一定程度上保证和促进了宁波港对外贸易的繁荣	回填保护,近期暂无考古发掘条件	
4	江厦街码头	海曙区江厦街23号	旧址	宋—元	1985年发掘,面积为200平方米。清理出2处码头遗迹及南宋景德镇青白瓷碗、盘和龙泉窑碗、盘、洗等。还有南宋"隆兴通宝"钱币。该码头为明州国际海运码头之一部分	回填保护,近期暂无考古发掘条件	
5	天妃宫遗址	海曙区江厦街19号	旧址	元—清	1982年8月对该遗址进行了发掘,面积为1340平方米。该宫为祭祀海神之所。传说宋莆田林愿第六女,死后屡显现于海上,元代敕封为天妃神,清代加封天后。清理元至清建筑基址5处,灰坑4个,出土一批元、明时期龙泉窑青瓷碗、盘、洗等和明清时期景德镇青花碗、盘、杯等器物及建筑构件	回填保护,近期暂无考古发掘条件	

续表

序号	名称	地点	类别	时代	简介	现状	文保级别
6	东钱湖窑址群	鄞州区东钱湖	古遗址	五代—北宋	东钱湖窑址群包括郭家峙、郭童岙、上水岙窑址等。出土瓷器有碗、水盂、粉盒、盏托、执壶等。胎色灰白,质地坚硬。釉色青中带灰。刻划纹饰有莲花瓣、水草、花鸟等。窑具有匣钵、垫圈。不但烧制"贡瓷",而且大量烧制五代北宋时期的贸易陶瓷,远销非洲埃及等地	回填保护,近期暂无考古发掘条件	区级
7	祖关山墓葬群	海曙区祖关山（现南郊公园）一带	古墓葬	汉	祖关山墓葬群包括原建造宁波火车站工地与现董孝子庙一带,占地面积约为 4500 平方米。1956 年底,清理古墓 127 座,出土器物共计 1124 件,时代最早的为战国墓,最晚的为明墓。东汉墓出土的有铜虎子、铜镜以及舶来品玻璃器、琥珀等。1996 年 7 月,建造南郊公园,部分又进行了清理,发现古墓 13 座,时代为唐至明,其中唐大中四年(850 年)墓出土了越窑青瓷双系罐、四系罐、铜镜等。东汉舶来品的出现,证明海上丝绸之路在那时已经开通	回填保护,建南站广场	市级
8	前夹岙墓群	鄞州区东钱湖姜郎村	古墓葬	东汉	1983 年 9 月发掘清理 1 座墓室,范围约 100 平方米。出土器物有陶灶、五罐瓶、双系瓷罐以及规矩铜镜等 20 余件,还有舶来品玻璃珠等	保存基本良好	

序号	名称	地点	类别	时代	简介	现状	文保级别
9	庆安会馆	鄞州区（原江东区）江东北路156号	古建筑	清	庆安会馆始建于道光三十年（1850年），落成于咸丰三年（1853年）。为甬埠北洋舶商所建的一个行业联络场所和祀天后的宫殿。建筑面积2400平方米，占地面积5000平方米。中轴线上现存宫门、仪门、前戏台、大殿、后戏台、后殿及前后厢房等。该建筑气势宏伟，建筑上使用了朱金木雕、砖雕和石雕工艺，尤以雕饰极为精细的龙柱而闻名。全国文物保护单位	保存完好	国家级
10	浙海常关旧址	鄞州区（原江东区）江东北路146号	旧址	清	浙海常关旧址始建于清乾隆二十八年（1763年），1923年改建。内存清乾隆二十八年（1763年）立《新建浙海大关记》碑一通，方形抹角、方座。高1.30米，宽0.94米，厚0.12米。碑阳阴刻楷书22行，共739字，钤印三方。主要记述新建浙海关情况。此地为浙海关口，各国商船来往于此验税	目前现存为旧址纪念石碑	
11	招宝山造船场及明州港第一码头旧址	镇海区招宝山下甬江口	旧址	唐—宋	因地处甬江口，招宝山造船场自唐代起成为明州港第一停靠码头，各国使节、商旅船舶多由此起航放洋或经此入明州内港。著名的日本遣唐使、学问僧阿倍仲麻吕就是于唐天宝十一载（752年）由此起航归国的。宋神宗与宋徽宗令明州造的4只"神舟"均造于招宝山，6艘"客舟"雇自明州	回填保护，近期暂无考古发掘条件	

续表

序号	名称	地点	类别	时代	简介	现状	文保级别
12	上林湖瓷窑址	慈溪市桥头镇上林湖	古遗址	东汉—宋	上林湖瓷窑址范围约4平方千米,现存瓷窑址108处。黄婆岙、吴家溪、周家岙、后施岙、狗颈山、高车头、河头山、皮刀山、荷花芯、黄鳝山、横塘山、木勺湾等地点是窑址密集区。东汉到初唐,上林湖的瓷业生产规模尚不大,窑址数量不多,产品种类少,胎体多较笨重。中唐到北宋,生产规模迅速扩大,窑址数量剧增;工艺技术大有改进,成瓷质量显著提高。至迟在晚唐,质量精美的青瓷已有"秘色瓷"之称。越窑青瓷是我国最早出运海外的大宗贸易陶瓷	目前完成环境整治、本体保护等各项工程,并获批国家遗址公园	国家级
13	东门天后宫	象山县石浦镇东门村内	古建筑	清	嘉庆二十四年(1819年)重建,建筑面积约500平方米。中轴线上有门楼、戏台、天后殿,门楼两侧有厢楼、天井。天后殿五开间,通面宽16.8米、进深9.7米。用五架梁,檐廊上为卷蓬轩,有雕饰。为航海保护庙之一、海运业者聚集贸易议事场所、海上丝绸之路组成部分	保存良好,展示开放	省级
14	中山公园（市舶司）	海曙区中山广场西中山公园地	旧址	明	市舶司及嘉宾堂,为接待日本等使节而设置的商旅之地	未进行考古	

序号	名称	地点	类别	时代	简介	现状	文保级别
15	镇海市舶司遗址	镇海区城内古税务署一带	旧址	北宋初	位于原镇海百货大楼北艄公弄口。北宋期间,镇海港口进出贸易越来越繁荣,使者去两浙(杭州)市舶司办理手续不方便,淳化三年(992年),两浙市舶司迁至定海(今镇海)。市舶司建成后,各国来往船舶不断,镇海口出现空前繁荣景象。淳化四年(993年)又迁回杭州	现存碑刻	
16	来远亭	海曙区江厦公园	旧址	宋元	《宝庆四明志》卷三记载:"市舶务,淳化元年(990年)初置于定海县,后乃移州,在于子城东南……出来安门,为城外往来之通衢。衢之南北各设小门,隔衢对来安门。又立大门,门之外濒江。有来远亭,乾道间,(太)守赵伯圭建。庆元六年(1200年),通判赵师嵒修。宝庆二年(1226年)蔡范重建,更名来安。贾舶至,检核于此。"《至正四明续志》卷三记载:"来远亭,在城东灵桥门北,穴城洞门一所,内通市舶库,临江石砌道头一片,中为亭,南有石墙围,通行路,北置土墙为界。泰定二年(1325年),副提举周灿创盖厅屋并轩共六间,南首挟屋三间,以备监收舶商搬卸之所。"来远亭是明州(庆元)海上丝绸之路出入舶货的历史见证	来远亭遗址碑	

续表

序号	名称	地点	类别	时代	简介	现状	文保级别
17	安远驿	海曙区鼓楼步行街	旧址	明	《明太宗实录》卷四十六"永乐三年九月甲午"条记载:"设福建来远驿,浙江安远驿,广东怀远驿。"《读史方舆纪要》卷九十二记载:"安远驿,在府治西北。前朝永乐初,置市舶提举司。四年(1406年)改为驿。今因之,以待夷贡。驿今革。"嘉靖二十六年(1547年),策彦周良任遣明使正使再次入明,经三年后归国。策彦周良在宁波期间广交朋友,活动的足迹曾涉及安远驿、寿昌寺、七塔寺等地	现安远驿所在街巷旧址仍在	
18	波斯巷	海曙区中山东路宁波第二百货公司边	旧址	北宋	北宋时,西亚的波斯商人经常来明州做生意,当时的政府专门在波斯商人聚居地设置了一个"波斯馆"。波斯巷即因曾有波斯人聚居而得名。21世纪初,波斯巷附近出土过一块墙基石,上面画着一个阿拉伯人牵着一条波斯狗。这也是波斯人在古宁波生活过的有力证明	现存古清真寺一处建筑	
19	英国领事馆旧址	江北区白沙路56号甬江西北岸	旧址	清	第一次鸦片战争后,宁波被辟为清廷五口通商口岸之一。道光二十三年(1843年),英国派领事罗伯耽驻宁波,于江北岸杨家巷租赁民房,设立领事署,全称"宁波大英钦命领事署",俗称"大英公馆"。光绪六年(1880年),迁至中马路石板行根新建署馆(今白沙路56号)。初由英国政府直接管辖,咸丰十一年(1861年)后改受英国北京公使馆管辖,1920年后,英国驻杭州、温州领事撤销,浙江全省有关该国侨务均归宁波领事署(馆)办理。英国领事在不同时期兼署德、法、奥匈、丹麦等国驻宁波领事。1933年,领事馆撤销	现存英国领事馆主楼(办公大楼)一幢	市级

序号	名称	地点	类别	时代	简介	现状	文保级别
20	井头山遗址	余姚市三七市镇	古遗址	新石器时代（约8000年前）	井头山遗址一期总面积2万平方米，发掘出土露天烧火坑、食物储藏处理坑、生活器具密集区、滩涂区木构围栏等生活遗迹，以及陶器、石器、骨器、贝器、木器、编织物等400多件生产生活用的器物。井头山遗址入选2020年度"全国十大考古新发现"	遗址仍在发掘中	
21	河姆渡遗址	余姚市河姆渡镇河姆渡村	古遗址	新石器时代（约7000—5000年前）	河姆渡遗址总面积4万平方米，堆积厚度4米左右，叠压4个文化层，第四文化层年代距今约7000年。1973年、1977年经两次科学发掘，共出土遗物6000余件。河姆渡遗址是我国20世纪新石器时代文化遗址考古重大发现之一。河姆渡文化的确立，证实长江流域也是中华民族文明发祥地	现以河姆渡遗址博物馆为平台，积极开展社会教育、服务工作	国家级
22	田螺山遗址	宁波市余姚三七市镇相岙村	古遗址	新石器时代（约7000—5500年）	田螺山遗址总面积3万多平方米，发掘区位于整个遗址的西北部，田螺山的西南侧，揭露面积1000平方米。文化堆积厚3米左右，分6个文化层，可以分为3个阶段，年代距今约7000—5500年。揭示出多层次的木构寨墙、干栏式建筑、木桥、古水稻田、密集的食物储藏坑和零星墓葬等遗迹。出土陶器、石（玉）器等2000多件，以及大量的动植物遗存	现建有田螺山遗址现场馆，由文物陈列厅和发掘现场展示区两部分组成	国家级

续表

序号	名称	地点	类别	时代	简介	现状	文保级别
23	"小白礁I号"沉船遗址	象山县石浦镇北渔山海域小白礁畔水下	古遗址	清代	"小白礁I号"为一艘沉没于清代的远洋木质商船,船体残长约20.35米、宽约7.85米,保留有龙骨、肋骨、船壳外板、隔舱板、舱底铺板等,造船用材主要产自东南亚一带。该船既具有典型的中国古代造船工艺特征,也保留了一些国外的造船传统。发掘出水船体构件236件、文物1060余件	2012年,"小白礁I号"沉船遗址基本完成船载文物清理发掘;2014年,拆解出水后的"小白礁I号"船体构件进入国家水下文化遗产保护宁波基地沉船修复展示室内边保护边展示	

第二类:城市建设

序号	名称	地点	类别	时代	简介	现状	文保级别
1	渔浦门遗址	海曙区和义路58号	旧址	唐—宋	渔浦城门为唐宋时期姚江南岸的一处城门,城门内通商业区,出土了许多贸易陶瓷,不但数量多,而且品种丰富、质量高	回填保护,暂无发掘计划	
2	高丽使馆遗址	海曙区月湖东岸	旧址	北宋	古代宁波与高丽关系密切。北宋熙宁七年(1074年),明州成为朝廷指定通往高丽的主要出入口岸。政和七年(1117年),经宋徽宗批准,于明州月湖东岸择地建高丽使馆,又称高丽行使馆。1999年5月进行考古发掘,探明遗址总占地面积约1000平方米,主体建筑坐北朝南,建筑面积约220平方米。出土了宋代建筑遗址、墙角、瓦筒及大量的越窑青瓷和韩瓶。高丽使馆遗址是中国与朝鲜半岛友好往来的历史见证,也是宁波海上丝绸之路的重要文化遗存	原址重建	区级
3	鼓楼	海曙区中山东路公园路口	古建筑	唐—清	鼓楼原为唐子城南城门,明万历十三年(1585年)重建。时人取唐杜审言《和晋陵陆丞早春游望》诗"云霞出海曙"之句意,将原"四明伟观"改称为"海曙楼",俗称鼓楼。唐长庆元年(821年),明州刺史韩察将州治由鄞县小溪镇(今海曙区鄞江镇)迁至三江口,筑子城为衙署。从此,子城成为浙东的政治、经济、文化中心,同时又是官方接待各国使节、商团的场所。鼓楼是宁波建城的重要标志,亦是古代宁波对外交往的实物见证	鼓楼现已成为集历史文化、旅游观光和商业活动于一体的综合性场所,楼内设有鼓楼博物馆	国家级

续表

序号	名称	地点	类别	时代	简介	现状	文保级别
4	永丰库遗址	海曙区中山东路公园路口	古遗址	元	永丰库遗址总占地面积约9500平方米,考古勘探面积6000平方米,发掘面积3500平方米,是一处以两座大型单体建筑基址为核心,以及砖砌甬道、庭院、排水明沟、水井、河道等与之相互联系、布局相对完整的宋元明时期大型衙署仓储机构遗址。系我国首次发现的古代地方城市的大型仓库遗址,为我国的仓储类建筑研究提供了极为重要的实例。遗址出土的大量文物,充分反映了古代宁波在对外交通贸易中的重要地位,为在考古学上确认宁波是我国元代第二大贸易港口提供了重要的实据	现已建成永丰库遗址公园,以其完整的格局和丰富的堆积,被国家文物局列为海上丝绸之路首批申遗点之一	国家级
5	宝奎庙	海曙区镇明路宝奎巷口	古建筑	宋—清	据《宋史·高丽传》载,北宋政和七年(1117年)在月湖东岸创高丽使馆,为高丽使者出入之地。南宋时建有"宝奎精舍"。至晚清,在此建宝奎庙	原址重建	区级

序号	名称	地点	类别	时代	简介	现状	文保级别
6	居士林（四明驿旧址）	海曙区柳汀街贺秘监祠边	古建筑	明—清	四明驿始建于元世祖至元二十一年（1284年），初为家祠，元泰定四年（1327年）改为驿站。明洪武元年（1368年），罢马站，设水站，命名为"四明驿"。明初朝廷实行海禁与勘合贸易，规定全国对朝贡国家开放唯宁波、泉州、广州三港，宁波港被指定为接待日本贡船的唯一港口。洪武三年（1370年）朝廷在宁波设立市舶提举司，四明驿遂成为其中的组成机构之一。永乐二年（1404年），明廷与日本签订勘合贸易条约。自此至嘉靖二十六年（1547年），宁波港共接待日赴明勘合贸易贡船2期17次共计88艘，而四明驿也成为日本勘合贸易船赴京进贡的起程站和其返国补充的基地。日本遣明使策彦、朝鲜著名学者崔溥等，都到过四明驿	现存建筑坐北朝南，占地面积约1200平方米。由大雄宝殿、三圣殿、地藏殿、圆通殿、弥勒殿、念佛堂、藏经楼与湖心亭等组成	区级
7	宋徽宗御笔碑	海曙区集仕港镇丰成村	碑刻	北宋	共2通，前一通高2.71米，宽1.12米，厚0.11米。政和八年（1118年）立。碑四周均线刻云龙，额题"省降御笔"四字。全文16行，每行20字，为宋徽宗御笔。后一通高1.64米，宽1.03米，厚0.11米。宣和元年（1119年）立。额题"御笔"二字，全文13行，每行20字。内容为宋徽宗对广德湖田的批文	现藏海曙区集士港镇广德庵内	区级

163

续表

序号	名称	地点	类别	时代	简介	现状	文保级别
8	罗城（东渡门段址）	海曙区江厦街	旧址	唐—元	面积700余平方米,文物240余件。1993年发掘,首次清理出长江以南的唐、宋、元城遗址。首次出土了宋代高丽青瓷和元代的高丽青嵌镶瓷器。还有唐代其他窑口的贸易陶瓷	回填保护,暂无发掘计划	
9	明州子城址	海曙区公园路地块	旧址	唐—宋	1997年1月发掘,面积700余平方米,清理唐宋子城,有建筑（水沟）等遗迹。子城遗址首次出土了波斯陶器	回填保护,暂无发掘计划	
10	句章遗址	江北区乍浦乡城山渡,临姚江	古遗址	春秋战国—隋	春秋战国时期,诸侯争雄。公元前473年,勾践灭吴,为发展水师,在其越东疆勾余开拓建城,称"句章",是为句章古港之始。这是浙东最早的港口,越国通海门户,也是当时全国著名的九大港口之一。公元前111年秋,东越王余善反叛朝廷。汉武帝派横海将军韩说率军从句章港出发,次年冬攻入东越。这是见于文献的从句章港起航进行的一次大规模海上军事行动	句章遗址大体呈不规则梯形,面积约27万平方米,中心区域约5万平方米	区级
11	广济桥	奉化区江口镇南渡村内	古建筑	元	系木石结构四孔廊屋式平桥,东西向横跨于奉化江上,桥长51.68米,宽6.60米,桥面上有廊屋11间,两边引桥各有廊屋2间。始建于宋,元至元二十三年（1286年）重建,明清几度重修。此桥为中外使节、商旅入天台山、明州、台州的主要通道。著名的鉴真和尚与日本宋代高僧荣西、道元以及高丽名僧义天、义通都曾来往于此	现广济桥为木石结构廊屋式桥,保存良好	省级

序号	名称	地点	类别	时代	简介	现状	文保级别
12	嘉宾馆	海曙区双园巷	旧址	明	嘉宾馆在宋境清寺旧址上建造，在旧城改造中出土高丽青瓷及大量明代青花	回填保护，暂无发掘计划	
13	航济亭	镇海区城内，人民剧院南侧	旧址	宋	航济亭始建于北宋元丰元年（1078年），原址在原定海县（现镇海区）甬江北岸，存世50多年里，曾接待高丽使者14批、宋使4批	未进行考古发掘	
14	天一阁	海曙区天一街	古建筑	明	天一阁建于明嘉靖四十年至四十五年（1561—1566年），由当时退隐的明朝兵部右侍郎范钦主持建造，占地面积2.6万平方米，已有400多年的历史。为全国重点文物保护单位	现为以藏书文化为核心，集藏书的研究、保护、管理、陈列、社会教育、旅游观光于一体的专题性博物馆，分藏书文化区、园林休闲区、陈列展览区	国家级
15	它山堰	海曙区（原鄞州区）鄞江桥	古建筑	唐	它山堰是中国水利史上首次出现的块石砌筑的重力型拦河滚水坝，全长113.7米，堰面顶级宽3.2米，第二级宽4.8米，总高5.0米。其砌筑所用石块是长2.0～3.0米、宽0.5～1.4米、厚0.2～0.35米的条石，堰顶可以溢流。它山堰从唐代至今保存完好，还发挥水利上的作用，与国内的郑国渠、灵渠、都江堰合称为中国古代四大水利工程。列入世界灌溉工程遗产	它山堰遗址现有回沙闸、官池塘、洪水湾塘等配套工程遗迹和它山庙、片石留香碑亭等纪念建筑	国家级

续表

序号	名称	地点	类别	时代	简介	现状	文保级别
16	月湖	海曙区县学街	文化遗址	唐	古时月湖南北长1160米，东西宽130米，南北狭长酷似弯弯半月的形状。宋元以来，月湖是浙东学术中心，是文人墨客憩息荟萃之地。北宋名臣王安石、南宋宰相史浩、宋代著名学者杨简、明末清初大史学家万斯同……都在月湖留下不可磨灭的印痕	现为宁波市区著名的风景名胜区	
17	天封塔	海曙区大沙泥街147号	古建筑	唐—宋	始建于唐武后天册万岁及万岁登封纪元时(695—696年)，塔因建筑年代而命名。宋建炎间毁于兵火，绍兴十四年(1144年)重建。元至顺元年(1330年)又重修，后明清皆有重建重修。1984年落架重修。同时进行考古发掘，在地窟出土浑银鎏金塔、浑金鎏金大殿、银香炉、银香薰、铜佛、钱币、经书等，弄清了塔基结构，为确定塔的建筑年代与建筑结构提供了有力的实物例证。1989年重修竣工对外开放。今塔高51.5米，呈六边形，边长9.85米，七明七暗，共14层。该塔系三江畔最早的标志性建筑，为当地夜间航海的航标，是代表明州州治的导航标志	经过多次修缮，保存完好。重建的天封塔是按出土的南宋天封塔模型建造的，为仿古的完整六边形宋塔	市级

序号	名称	地点	类别	时代	简介	现状	文保级别
18	华美医院	海曙区永丰路西端	旧址	清	道光二十年（1840年）鸦片战争后，宁波被迫辟为五口通商口岸之一。美、英等国传教士则纷纷至宁波传教施医，先后开设了华美医院、惠爱医局、体生医院、仁泽医院等，其中华美医院成为宁波第一家由外国人开办的西医医院。华美医院系清道光二十三年（1843年）美国基督教浸礼会传教士玛高温医士在城西北门佑圣观厢房开设诊所施医传教，兼售西药起始。道光二十七年（1847年）诊所扩展，定名为"大美浸会医院"。1915年更名为"华美医院"。1951年10月由宁波市人民政府接办，1954年10月改名为宁波市第二医院	作为宁波早期的西式医院，华美医院主体建筑现保存完整，并继续发挥作用	省级

第三类:文化交流

序号	名称	地点	类别	时代	简介	现状	文保级别
1	天宁寺塔基遗址	海曙区中山西路 206 号	古建筑	唐—明	天宁寺始建于唐大中五年(851年),称国宁寺。咸通年间(860—874年)寺前增置东西两塔。天宁寺与日本渊源深厚,最澄大师在此受法。明洪武五年(1372年),天宁寺僧祖阐曾奉诏出使日本,入主日本天龙寺。此后,天宁寺成为接待日本僧人的地方。日僧雪舟在其画作《宁波府城图》中就曾形象地描绘了天宁寺的双塔与重建于明宣德十年(1435年)的钟楼。寺前原建有左右两塔,左塔于清光绪年间(1875—1908年)崩,现存者为右塔,系五级楼阁式塔,平面呈方形,占地面积 9 平方米,高 12 米	今仅存寺前西塔	国家级
2	清真寺	海曙区后营巷 18 号	古建筑	宋—清	宋时,众多的阿拉伯、波斯商人来明州从事贸易与文化交流,一部分人寓居明州,并于咸平年间(998—1003年)在城东南狮子桥旁建造清真寺。元至元年间(1264—1294年)又迁建于海运公所南冲虚观前。清康熙三十八年(1699年),清真寺重建于现址。清真寺是目前宁波唯一留存的伊斯兰教建筑。寺坐西朝东,布局呈长方形,以中轴线和对称布局为主,注重平面组合,由头门、望月楼、二门、照壁、沐浴房、礼拜殿以及两侧厢房等组成,总占地面积约 750 平方米	保存完好,宁波市民族联络委员会设在寺内	省级

序号	名称	地点	类别	时代	简介	现状	文保级别
3	烟屿楼	海曙区共青路79号	古建筑	清	烟屿楼占地面积975平方米。大门朝东，遥对花屿。正楼7间，通面宽12.87米，通进深12米。烟屿楼为清代宁波著名藏书家、朴学家徐时栋的藏书楼，也称恋湖书楼	保存完好	市级
4	湖心寺	海曙区月湖桥之西	古建筑	宋—清	湖心寺始建于北宋治平元年（1064年），屡毁屡修，现存建筑为清同治十二年（1873年）重修。是明代文士瞿祐《剪灯新话》中《双头牡丹灯》传奇故事的发生地，在日本流传广泛。日僧雪舟在其画作《宁波府城图》中就曾形象地描绘了此寺	现存建筑五间三进，15间中式平房，硬山式梁架结构，黄墙黛瓦，总体保存良好	
5	瑞岩禅寺藏经阁	北仑区柴桥紫石村九峰山下	古建筑	清	瑞岩禅寺始建于唐会昌年间（841—846年），以后屡毁屡建。现该寺仅存光绪三十二年（1906年）建的藏经阁。阁内还保留清光绪圣旨碑和藏经阁碑记各1通	瑞岩禅寺藏经阁是北仑区目前幸存的唯一的佛寺类古建筑实物，用材粗大，做工考究，雕刻精美，保存完整	区级
6	东钱湖墓葬群	鄞州区东钱湖周围山岙中	古墓葬	宋—明	东钱湖墓葬群在韩岭、下水及福寿山一带，尚存宋、元、明的名人墓十余座，以南宋为主，有史诏墓、叶氏太君墓、史渐墓、史弥远墓等，为我国迄今已发现的规模最大、雕刻最精的南宋墓道石雕遗存，为研究南宋社会发展史和墓葬雕刻艺术提供了重要实物	东钱湖墓葬群大部分被毁，但遗留下大量的墓前石像、石牌坊以及墓碑石刻等	国家级

续表

序号	名称	地点	类别	时代	简介	现状	文保级别
7	浙东学派史迹	海曙区、余姚市、奉化区	古建筑	明—清	浙东学派史迹包括白云庄及黄宗羲、万斯同、全祖望墓。浙东学派倡导一种注重研究史料和经世致用的风气，是我国学术史上极具光彩的地域性学术流派。黄宗羲是浙东学派的开创者，白云庄是黄宗羲先生甬上讲学时间最长，并产生重要影响的场所。他培养了"十八高弟"，使学派发扬光大，在国内外影响深远	保存完好	国家级
8	阿育王寺	鄞州区五乡宝幢育王山南麓	古建筑	唐—清	阿育王寺是我国现存唯一以阿育王命名的千年古寺，在宁波与海外文化交流特别是与日本的佛教交流中占重要地位。寺坐北朝南，平面布局由南而北依次升高。主体建筑布置在一条中轴线上，以天王殿、大雄宝殿、舍利殿为中心，附属建筑左右两分，左有大悲阁、养心堂、先觉堂等305间，右有宸奎阁、方丈殿、承恩堂、拾翠楼、碧梧轩、西塔楼等361间	寺内现存较有价值的历代碑碣石刻50余通，皆有较高的史料研究价值	国家级

序号	名称	地点	类别	时代	简介	现状	文保级别
9	延庆寺	海曙区南门灵桥路203弄8号	古建筑	五代—清	延庆寺作为佛教天台宗的中心道场,在日本、韩国有广泛的影响。宋咸平、天圣年间,高丽僧人义通弟子知礼(明州人)承受法统,主持延庆寺弘扬天台教义,成为天台宗第十七祖,延庆寺遂成为浙东弘扬天台宗的中心,同时亦成为日本、高丽天台宗僧徒朝圣、问法解疑的场所。北宋咸平六年(1003年),日本天台宗僧源信遣弟子寂照入明州问法,知礼作《问法二十七条答释》决疑。天圣六年(1028年),日僧绍良携天台宗疑问10条至明州,问教于知礼嗣席广智,从学3年才归。元祐二年(1087年),高丽僧义天至明州寻求经籍,携去各宗经籍教义,汇编成4700余卷《新编诸宗教藏总录》刊行,内有知礼的著述。后来义天创立了高丽天台宗	现存延庆寺为清代建筑,主体建筑坐北朝南,由天王殿、大雄宝殿、方丈室(敦善堂)、东西厢房及塔院组成,总占地面积5141平方米	市级

续表

序号	名称	地点	类别	时代	简介	现状	文保级别
10	天童寺	鄞州区东吴下山塘村北约1.5千米的太白山麓	古建筑	唐—清	天童寺号称"东南佛国",在历史上与东亚尤其是日本国的佛教有着历史悠久、交往密切的关系,为古代中日两国的佛教交往和文化交流作出了积极的贡献。据《天童寺志》记载:宋、元、明时期共有33位日僧到天童寺参禅、求法。宋、元、明期间共有11位僧人赴日弘法、传教。今日本佛教主要宗派之一的曹洞宗尊天童寺为其祖庭。寺坐北朝南,现存殿宇建筑30余幢,共计999间,占地面积76400平方米,建筑面积38800平方米。中轴线上,由南而北垂直排列,依次为外万工池、七佛塔、内万工池、照壁、天王殿、佛殿、法堂(藏经楼)、先觉堂、罗汉堂等。两翼偏殿,配置对称	寺内保存自宋以来石刻碑碣40余通皆有较高的史料研究价值	国家级
11	五桂楼	余姚市梁弄学堂弄	古建筑	清	五桂楼坐北朝南,三间二层楼,通面阔10.30米。勾连搭屋顶,风火山墙。建筑占地面积107平方米。楼前有庭院,深8.6米。四周围以高墙。1981年部分屋顶塌落,按原样修复	保存完好,尚存藏书近万册	省级
12	朱舜水宗祠	余姚市龙山弄8—13号	古建筑	清	朱舜水宗祠坐北朝南,有门厅、正厅、后厅,占地面积646平方米。每厅均为五开间,通面阔均为18.29米。硬山顶。门厅明间用月梁,正厅为抬梁结构,前双步后单步,后厅为穿斗结构	整座祠堂结构简洁,排列有序,气势较大,体现出清代浙东祠堂建筑的典型风格	市级

序号	名称	地点	类别	时代	简介	现状	文保级别
13	王阳明故居	余姚市武胜门路 32 号	古建筑	明	王阳明故居坐北朝南,沿中轴线自南至北依次为:门厅、砖雕门楼、大厅、瑞云楼(1996 年重建)。占地面积约 2200 平方米。大厅三间,通面阔 11.26 米,通进深 11.5 米,抬梁和穿斗混合结构,前有轩廊。瑞云楼是哲学家、教育家王阳明出生处。相传王阳明诞生时有神仙驾五色云送子的佳话,遂称瑞云楼。毁于清乾隆年间,后重建。砖木结构。五间两弄,通面阔 24.58 米,通进深 11.69 米。重檐硬山顶	现存王阳明故居是在清朝中期建筑寿山堂的基础上重修的,整体格局得到了很好的保护	国家级
14	雪窦寺	奉化溪口镇西 6 千米	古建筑	晋—清	据《雪窦寺志》载,雪窦寺始建于晋,称瀑布院。唐会昌元年(841 年)移建今址,改名瀑布观音院。唐景福元年(892 年)大规模扩建。宋咸平二年(999 年),真宗赵恒赐名雪窦资圣禅寺。景祐四年(1037 年),仁宗梦游是山,遂号应梦道场。南宋宁宗时制定禅院等级,列为"五山十刹"中"十刹"之一	雪窦寺位于国家级风景区溪口雪窦山风景名胜区中心,为弥勒佛道场,内有雪窦山弥勒大佛	
15	五磊寺及那罗延尊者塔	慈溪市中南部五磊山象王峰南	古建筑	东吴—清	五磊寺占地面积约 3.2 万平方米,始建于三国东吴赤乌年间(238—251 年),距今已有 1700 多年的历史,是浙江地区最古老的寺院之一。东汉时,佛教通过海路传入浙东地区。吴时印度高僧那罗延来到明州句章慈溪,创建了浙江境内最早由外来僧人建立的佛教寺庙,即现在的五磊寺。五磊寺成为中外佛教文化交流的先导	现仅存石塔与陶质骨灰甏	区级

续表

序号	名称	地点	类别	时代	简介	现状	文保级别
16	明州公库遗址	海曙区鼓楼步行街西侧中段	旧址	宋—元	明州公库遗址位于海曙区鼓楼步行街一带，为南宋明州官府刻书坊所在地，亦称明州公使库，所刻印的文集、诗集有相当一部分传播到日本、高丽，推动了中外文化交流	现车轿街、咸塘街、石板巷等旧址仍在	
17	佛画坊、画肆旧址	海曙区车桥街、石板巷一带	旧址	南宋	位于海曙区车轿街、石板巷一带。南宋明州佛教文化繁盛，涌现了一批专门以绘制佛像为题材的民间职业画家群体，他们在车轿街、石板巷一带开设画坊、画肆，向海外僧人与商贾专营佛画。这些佛画作品通过海路传往日本等国，影响了日本镰仓时代的绘画艺术	现车轿街旧址仍在	
18	董孝子庙	海曙区南门	古建筑	明—清	董孝子名黯，东汉人，奉母至孝。东汉延光三年（124年）敕封"孝子"并立祠以祀，现建筑为清嘉庆、道光年间所建	目前保存，并有碑刻等文物，庙东有董母墓	区级
19	寿宁寺（白水庵）	宁海县跃龙街道港头村	古建筑	晋	晋义熙元年（405年），天竺商僧昙献尊者自海泛槎至此，卓锡而泉涌。色白味甘，乃建兰若，名"白水庵"。庵右凿井，名"洗肠井"，水质清澈，旱涝不枯溢。山门之外有"袖石"，系昙僧携来，高数尺，上大下小。唐天宝三年（744年），鉴真和尚第三次东渡失败，经台州来宁海宿此庵。宋淳化元年（990年），改白水庵为寿宁寺。清康熙八年（1669年）僧熙忍修建。中华人民共和国成立后，迁入民居，1958年毁于火，至1988年，由该寺前住持觉慧规划重建	现寺院除天王殿、大雄保殿等主要建筑外，还建有东渡纪念堂，保存着当年东渡真身的释迦佛像	

序号	名称	地点	类别	时代	简介	现状	文保级别
20	灵岩寺	象山县泗洲头镇灵岩山	古建筑	南宋晚期	南宋晚期临济宗著名高僧兀庵普宁曾在此住持。兀庵于景定元年(1260年)到日本,是镰仓幕府首领的师父,在日本创立佛教兀庵派,该派为日本古代佛教二十四派之一	保存完好,成为灵岩山景区组成部分	
21	智门寺	象山县墙头镇舫前村	古建筑	南宋晚期	阿育王第四十六代住持物初大观(1201—1268年)曾住持智门寺。物初是无学祖元之师,又是樵谷惟仙之师	现存大雄宝殿(重修)、观音殿(重修)、金刚殿、后堂、后横屋等20余间,方形莲池、古樟	
22	保国寺	江北区洪塘灵山	古建筑	宋	保国寺北宋大殿保存完好。其中,保国寺大殿重建于北宋大中祥符六年(1013年),又称大雄宝殿、无量殿和祥符殿,是全寺的主殿,也是寺内最有价值的一座建筑。保国寺是中国古代佛教建筑的典范,对东亚地区特别是日本、高丽等国的寺庙建筑有较大影响	存有大雄宝殿、天王殿、唐代经幢、观音殿、净土池等殿宇古迹	国家级
23	江北天主教堂	江北区中马路20号	旧址	清	江北天主教堂于清同治十一年(1872年)由浙江教区和法籍苏主教兴建。光绪二十五(1899年)增建钟楼。天主教堂是宁波城区一座颇具规模且带有浓郁异域风格的宗教建筑,反映了西方传教士在宁波港口城市开展宗教、文化交流的史实	现建筑面积4494.3平方米,分主教公署、本堂区、教堂、钟楼、修道院等	省级

第四类:海防设施

序号	名称	地点	类别	时代	简介	现状	文保级别
1	镇海口海防遗址	镇海区、北仑区	古遗址	明—清	镇海口的海防历史遗址内容齐全,自成体系,是我国目前保存较为完好的海防遗址。镇海口海防遗址包括甬江北岸镇海区招宝山的威远城、明清碑刻、月城、安远炮台,梓荫山的吴公纪功碑亭、俞大猷生祠碑记、泮池、吴杰故居等8处;甬江南岸北仑区的戚家山营垒、金鸡山瞭望台、靖远炮台、平远炮台、宏远炮台、镇远炮台等6处。南北两岸合计共14处	遗址现已修建为一座具有遗址、纪念性质的公园	国家级
2	大嵩所城遗址	鄞州区瞻岐镇、咸祥镇	古遗址	明	大嵩所城遗址包括大嵩所城、合岙烽火台、炮台岗烽火台、横山烽火台、黄牛岭烽火台、火爬岭烽火台等6组7处遗址,以大嵩所城为中心,散布于宁波市鄞州区瞻岐、咸祥两镇	20世纪50年代前后,由于大嵩所城的城墙失去实用价值,三道城门被拆,因无人管理,城墙上的许多石料挪作他用。如今只留下一段长约700米、高6～7米的城墙遗址	省级

序号	名称	地点	类别	时代	简介	现状	文保级别
3	二湾头摩崖题记	象山县石浦镇二湾头朝东岩壁上	石刻	宋—明	二湾头摩崖题记共10条,其中3条疑为宋代镌刻,其余皆属明代。均行书,阴文题刻,最大一条"视卒当如婴儿"为横书,宽3.3米,高0.4米。余皆直书,高1.15～1.3米,字迹刚劲有力。每条四字,为"如海恩波""岘石恩同""恩同海永""德与石存""季侯顾我""松屏蒲□""将苑羽仪""严侯永瞻"等,内容多与明抗倭有关	现存于石浦镇二湾岩壁上,保存完好	县级
4	大瀛海道院碑	象山县爵溪镇大瀛海道院内	石刻	元	大瀛海道院碑通高2.21米、宽1.09米、厚0.16米。额方首抹角,座佚。额篆"大瀛海道院记"6字。两院饰阳刻凤凰、巨虚各一。碑文阴刻,楷书,9行,每行22～24字,全文700余字,今存正文18行,共计450字。字体圆润流畅。内容详述大瀛海道意义。吴澄撰文,赵孟頫书	目前残碑珍藏于象山县博物馆	
5	江心寺摩崖石刻	象山县石浦镇江心寺朝东岩壁上	石刻	明	江心寺摩崖石刻为三条并列镌刻,间距不及1米,皆正书直行阴刻,分别为"沧海恩波""世侯永乾""恩绩如山",各高1.3米左右	石刻现存石浦二湾头、后岗山东南麓朝东岩崖	
6	卫山烽火台	慈溪市卫山之巅	古遗址	明—清	卫山烽火台平面呈长方形,立面为梯形,上边长7米、宽5米,下边长14米、宽10米,墩高4米,保存完好	保存完好	市级

续表

序号	名称	地点	类别	时代	简介	现状	文保级别
7	龙山所城	慈溪市龙山乡龙山所村	古遗址	明	龙山所城,"城高二丈五尺,址广二丈,延袤三四里,四门各有楼,设钩桥于东南西三门"。目前南北城墙高4米,宽8~10米,东西城墙高2米	所城南北城墙残高约4米,东西城墙残高2~3米,浦城门尚存遗迹	市级
8	三山所北城门	慈溪市浒山街道北城路	古遗址	明	三山所城遗址,北临大古塘河东、西、南与住宅区相连。城门遗址尚存,高3.1米,宽3.8米,进深5.0米。城楼和墙依稀可见	当年古城陈迹已大多湮灭,北城门成了唯一的历史见证	市级
9	总台山烽火台	北仑区郭巨北门	古遗址	明	总台山烽火台结构独特,台基呈梯形,上边7.0米,下边8.0米,高3.2米,用沙土夯成,其上建石屋,硬山顶。面宽2.8米,进深2.5米,高1.8米,周壁石筑,南开门,保存完整	石屋保存基本完整	省级
10	爵溪抗倭城墙	象山县爵溪	古遗址	明	爵溪抗倭城墙东、西临海,长400米,高6米,厚10米。石砌而成,辟有月洞门。北面城约长1800米,高5~6米,保存了原来的城墙面貌,在海防设施研究中具有很高的价值	清末撤兵防,城墙严重毁坏,目前仅存东北段及南段部分,长约1000米	县级
11	公屿烽堠	象山县爵溪周家山	古遗址	明	公屿烽堠占地面积100平方米,台高5~6米,底宽10米,顶宽6米。顶部呈凹形	保存完好	省级
12	赤坎游仙寨遗址	象山赤坎	古遗址	明	明正统八年(1443年)后建,属爵溪所管辖,保存完整,为象山县境内保存较为完整的明代抗倭兵寨遗址	寨城保存较为完整	省级

序号	名称	地点	类别	时代	简介	现状	文保级别
13	石城	奉化裘村应家棚	古遗址	清	石城内原有兵营,已毁,现有晚清建的楼屋、平屋各一幢,偏处城的南端,是奉化区内目前仅存的一座抗倭石城	城内原有兵营已毁,现有晚清建的楼屋、平屋各一幢	市级
14	钱仓所	象山涂茨镇钱仓村	古遗址	明	明洪武二十年(1387年),千户王普以钱仓"四面际山,因垒以城",城"高二丈六尺,址广一丈三尺,延袤三里,辟东、西、南、北四门"。明永乐十四年(1416年),千户徐昇增修。清顺治三年(1646年)废。十八年(1661年)居民内迁,城毁	现城墙已所剩无几,仅有一段残垣	
15	爵溪所	象山县爵溪镇	古遗址	明	明洪武三十一年(1398年)置。《嘉靖象山县志》载,城"高二丈八尺,广三丈,延袤三里"。清顺治三年(1646年)废所,改置爵溪城汛	所城内历史格局保存较好,古建筑有以街心戏亭为代表的一些留存	
16	观海卫	慈溪市观海卫镇	古遗址	明	明洪武二十年(1387年),信国公汤和以慈溪涂田建筑,"城周围四里三十步,高二丈四尺,阔三丈"。明永乐十六年(1418年),都指挥谷祥"增辟四门,门之外罗以月城,置吊桥各一,城之上,敌楼二十八,巡警铺三十六,雉堞一千三百七十,水关二"	卫城旧迹几无存留,四道城门中的东城门及东城门外月城城门尚有墙址可辨,卫城外的护城河河道仍在	

备注:2000年前后,宁波市首次正式开展了海上丝绸之路调研,全市分布各类海上丝绸之路文化遗存123处。2002年,结合第三次文物普查,宁波市文化局组织专家对全市"海上丝绸之路"遗存进行评估分类,并于2002年底编印《中国宁波"海上丝路"文化遗存图录》,共收录31处文化遗存。本书基于以上资料基础,结合《宁波与海上丝绸之路》《海上丝绸之路与中外文化交流》《万里丝路——宁波与海上丝绸之路》等相关成果,对全市海上丝绸之路文化遗存开展系统梳理,共收录80处文化遗存。

附录 2　关于海上丝绸之路保护与申报
世界文化遗产的澳门倡议(2022 年)

海上丝绸之路是在公元前 2 世纪至 19 世纪中后期蒸汽动力取代风帆动力前的漫长时段里,古代人们借助季风与洋流等自然条件,利用传统航海技术沟通世界中低纬度主要海域及沿海地带,开展多领域交流的海路网络。海上丝绸之路沿线遍布的遗产,反映出长达两千年的古典风帆航海时期,不同地域、不同族群之间积极而深远的相互影响,特别是在宗教信仰及建筑、生活习俗、生产技术等方面,展现了世界各大文明之间的跨海交流,具有鲜明的历史、艺术、科学以及文化、社会和时代价值。

2022 年 11 月 16 日至 17 日,"海上丝绸之路"国际文化论坛在中国澳门召开。我们,来自中国内地、中国香港、中国澳门,英国、澳大利亚、日本、韩国、印度尼西亚、斯里兰卡、葡萄牙、美国、孟加拉国等国家和地区,来自联合国教科文组织、国际古迹遗址理事会等国际遗产机构的代表,来自中国海上丝绸之路沿线城市代表,共计 100 余人参加了本次会议。参会代表就海上丝绸之路的概念与价值、保护与利用、可持续发展、国际合作等话题进行了广泛而深入的研讨,形成了如下共识。

我们回顾,20 世纪 80 年代起联合国教科文组织开展的"对话之路"项目,激发了国际层面对海上丝绸之路作为人类共同文化遗产概念和价值的认知。2008 年国际古迹遗址理事会《文化线路宪章》的发布,有力引导了大型文化线路的价值认知和联合申遗机制。2014 年"丝绸之路:长安—天山廊道的路网"成功列入《世界遗产名录》,为海上丝绸之路申遗注入信心、提供借鉴。2017 年在伦敦召开的海上丝绸之路申遗国际专家研讨会,2019 年在澳门召开的海上丝绸之路研讨会,以及各国近年来陆续召开的海上丝绸之路学术会议,均为海上丝绸之路的国际协作奠定了坚实基础。

我们认为,在历史、考古、文物保护、人类学、社会学、城市研究、生态研究、海洋研究等领域,已形成了丰硕的关于海上丝绸之路的研究成果,不断涌现的新的考古发现,不断提升的文物保护科学技术手段,不断革新的遗产保护与可持续发展理念,为海上丝绸之路未来的保护与研究提供了学术资源。

我们也看到,当前海上丝绸之路文化遗产保护面临巨大挑战。对海上丝绸之路历史和价值认知不充分,遗产保护管理不系统,由城市扩张带来的人为冲击,由气候变化、海岸线变迁等自然因素带来的保护压力,都使海上丝绸之路文化遗产面临保存危机。

因此,将海上丝绸之路申报世界遗产,并加以妥善保护、有效管理、活化利用,将极大推动沿线各国家、族群、文化之间的交流互鉴,共同守护属于全人类的海洋相关遗产。

为此,我们共同发出如下倡议:

第一,深化国际合作。海上丝绸之路作为一个复杂交通网络,涉及的地理空间覆盖了大半个地球,关联着人类近两千年历程中多个特质鲜明的文明板块。今天海上丝绸之路的保护研究,也应该由全世界共同开拓。国家政府、学界、民间团体都能在其中发挥作用。

第二,夯实学术基础。推动海上丝绸之路学术体系不断完善,构建对话交流平台,共享最新成果。解析海上丝绸之路的历史与现实,建构海上丝绸之路整体价值论述,厘清海上丝绸之路各组成部分的地位与作用。

第三,推动申遗进程。鼓励海上丝绸之路沿线国家共同推动海丝概念性文件和主题研究,并邀请联合国教科文组织、国际古迹遗址理事会积极参与及提供技术指导,确定申报技术路线和操作框架,为海上丝绸之路沿线国家和地区相关遗产地申报世界遗产提供基础支撑。

第四,加强保护能力。联合开展海上丝绸之路文化遗产保护,抢救濒临消失的遗产;吸纳海洋学、环境学、气候学等自然学科最新成果,积极应对气候变化和海洋变迁,开发使用高科技、环保的保护材料与方法。

第五,充实专业队伍。通过举办研讨会、培训班等方式,带动海上丝绸之路研究与保护管理工作的能力建设;尤其鼓励青年学者参与海丝保护发展事业,使相关研究和实践持续深入,紧跟时代发展。

第六,提升数字化水平。开展遗产信息数字化采集和分析,推进数字化档案建设,建立海上丝绸之路考古、历史、人类学等研究文献数据库,搭建网络平台,推动资源共享。

第七，探索活化利用。增强海上丝绸之路遗产的活化利用水平，带动海丝遗产融入经济社会发展与社区更新，推动海丝价值推广、知识普及和精神引领，提升展览展示阐释水平，推动非物质文化遗产的有效传承，赋权当地社区参与遗产保护与管理，发掘保护传承传统知识，守护民间记忆。

我们期待，在共同价值框架下，通过形成广泛的研究与保护合力，为更多的海上丝绸之路沿线国家和地区带来福祉；以申报世界遗产为契机，推进面向全球海洋遗产的富有持续活力的学术研究和保护实践，为全人类文明交流互鉴共同谱写新的华章。

附录3　海丝之路文化遗产活化利用宁波倡议（2023年）

2023年6月30日，2023海丝之路文化和旅游博览会开幕式暨中华文化与现代制造创新发展大会在宁波举行。开幕式上，中国文物报社、中国文物学会等单位共同发布《海丝之路文化遗产活化利用宁波倡议》，宁波、广州、泉州、北海四个城市现场见证，为海丝文化遗产的活化利用发声。倡议全文如下。

海路迢迢，通达四方，文化如水，润物无声。人类文明正是在海洋的滋养下交流互鉴，不断进步。今天的我们，通过丰富多彩的海丝之路文化遗产，依然可以回溯两千多年来，中外先民筚路蓝缕、披波斩浪于海丝之路的壮丽篇章。我们一致认为保护、传承海丝之路文化遗产，并推动其活化利用、创新发展，是坚定文化自信自强，扎实推进中华民族现代文明和社会主义文化强国建设的重要内容之一，也是建设"21世纪海上丝绸之路"的重要内容之一。

在建设"一带一路"的历史性倡议提出十周年之际，我们相聚在"海丝始发港，现代文明城"宁波，共同参加以"弘扬丝路精神　共创美好未来"为主题的2023海丝之路文化和旅游博览会，并就推动海丝之路文化遗产的保护传承与活化利用提出以下倡议：

1.加强遗产保护。认真贯彻新时代文物工作方针，坚持保护第一，持续加强对于海丝沿线具有历史价值的交通基础设施、生产和贸易设施、文化遗存、非物质文化遗产等海丝之路文化遗产的调查与保护工作，特别是宁波、温州、福州、泉州、广州、北海等古港城市文化遗产的保护与研究，强化重要文物系统性保护，抢救濒临消失的遗产，积极推动海丝相关遗产地申报世界遗产。

2.深化阐释研究。不断完善海上丝绸之路学术体系，加强海上丝绸之路整体价值论述，充分发掘和发挥海丝之路文化遗产的当代价值意义、保护科学与技术、可持续利用与跨界融合等方面问题，努力将海丝之路文化遗产塑造成为中华民族的独特精神标识，更好构筑中国精神、中国价值、中国力量。

3.创新展示传播。进一步加强海上丝绸之路主题博物馆建设,着力策划打造一批主题鲜明、内涵丰富、设计新颖的海上丝绸之路主题展览精品,有效发挥政府和市场作用,用好传统媒体和新兴媒体,广泛传播海丝之路文化遗产蕴含的文化精髓和时代价值,培育海丝文化遗产主题IP,讲好海丝故事,向世界展现可信、可爱、可敬的中国形象。

4.强化交流互鉴。站在构建人类命运共同体的高度,加强海丝之路文化遗产活化利用方面的国际合作,建立世界古港城市和海丝沿线重要遗产地的对话机制,积极参与中国援外文物保护工程和联合考古项目,联合打造海丝之路主题精品国际展览项目,依托海丝之路文化和旅游博览会基础,为海丝之路文化遗产提供传播、推广平台,促进海丝之路文化交流合作。

5.搭建合作平台。立足宁波"海丝起始港,现代文明城"的文化资源优势,搭建海丝之路文化遗产基础数据平台、商业授权平台和产业合作对接平台,发起设立海丝之路文化遗产活化利用研究中心,吸引海丝之路沿线地区文化遗产地、博物馆、文化机构、专业企业,以及有关国际组织、国际机构共同参与海丝之路文化遗产活化利用。

6.坚持科技赋能。促进海丝文化与现代科技的深度融合,建设海丝文化技术创新中心和重点实验室,完善海丝文化科技创新体系,开展共性关键技术研究,推进海丝文化大数据体系建设,充分运用互联网、大数据、云计算、人工智能等信息技术,推动海丝文化创造性转化与创新性发展。

中国文物学会、中国文物报社、浙江大学宁波理工学院、上海大学海洋考古学研究中心、宁波市文化遗产管理研究院作为倡议发起单位,将共同推进倡议内容的落地实施,不断加强与海丝之路沿线地区文化遗产地、博物馆、文化机构、专业企业的交流合作,积极推动海丝之路文化遗产的保护与传承,为扎实推进中华民族现代文明和社会主义文化强国建设作出积极贡献。

后　记

　　2000 余年来,虽历经无数次血与火的洗礼,但舻舳十里,舟楫相望,海上丝绸之路从未中断。尽管古代交通和技术条件远逊于今,但商人、使节、学子、僧侣不畏艰难险阻,跨越万水千山,以极大的毅力和勇气开辟和经营海上丝绸之路。进入 21 世纪,面对纷繁复杂的国际和地区局势,海上丝绸之路展现的和平合作、开放包容、文明互鉴、互利共赢的精神,更显重要和珍贵。

　　“书藏古今,港通天下”,作为古代海上丝绸之路始发港之一,宁波被誉为古丝绸之路的“活化石”。宁波至今仍保留着众多体系化、集群化、地域化的重要海上丝绸之路文化遗产。其数量之多、分布之密集、内涵之丰富,均为古代港口城市所罕见。天童寺,一座有着 1700 余年历史的寺院,曾迎来沿着海上丝绸之路传来的印度佛教,又沿着海上丝绸之路将本土化后的佛教送到日本。宋、元、明时期,32 批日僧到天童寺参禅、求法,11 批中国僧人赴日弘法、传教。佛教的传播和僧侣的迎来送往,铸就了天童寺在海上丝绸之路中的重要地位。阿育王寺是中国佛教“中华五山”之一,也是禅宗名刹“中华五刹”之一,在海上丝绸之路的佛教史及中日文化交流史上有着重要地位,并因寺内珍藏佛教珍宝释迦牟尼真身舍利而闻名中外。此外,宁波市还拥有堪称航海地标的庆安会馆,推动民间石刻艺术东传的东钱湖南宋石刻群等海上丝绸之路文化特征鲜明的历史文化遗存。民间手工技艺也在宁波的海上丝绸之路文化传承发展之路上发挥了重要作用。如已经被列入国家级非物质文化遗产名录的朱金漆木雕、骨木镶嵌、金银彩绣等,还有甬式家具、竹器等传统手工技艺,都曾在漫漫历史长河中起到对外交流的关键作用。不仅在中国,还在日本、韩国,甚至东南亚等地,都有同宗同门的手工技法在民间广泛流传,呈现出顽强的生命力。

习近平主席在"一带一路"国际合作高峰论坛圆桌峰会上的开幕辞中指出:"'一带一路'建设根植于历史,但面向未来。古丝绸之路凝聚了先辈们对美好生活的追求,促进了亚欧大陆各国互联互通,推动了东西方文明交流互鉴,为人类文明发展进步作出了重大贡献。"①最近几年,宁波市依托丰厚的海上丝绸之路文化资源,深入挖掘海上丝绸之路文化内涵,加大海上丝绸之路文化打造力度,提升社会影响力和为民惠民效用,切实推进海上丝绸之路文化在宁波的传承发展:准确把握海上丝绸之路文化精神,顶层设计有高度;积极开展海上丝绸之路文化活动,民间影响有广度;着力加强海上丝绸之路文化研究,理论支撑有深度;努力拓展海上丝绸之路文化影响,宣传报道有强度;全面启动海上丝绸之路文化探源,创建工作有力度。

但值得注意的是,现阶段宁波海上丝绸之路文化遗产的保护与利用还存在亟待完善之处:一是保护力度不够。现代城乡建设的高速发展对海上丝绸之路文化遗产的保护构成严重威胁,一些历史城镇,尤其是其中尚未被列为各级保护单位的遗产逐渐消失。近年来,海上文物盗掘、盗挖现象猖獗,极大地威胁着文化遗产安全,亟待相关部门重视并加强管理。二是资源利用不足。目前部分重点海上丝绸之路遗产虽然开辟为博物馆、纪念馆或参观点,但从整体上看,文化遗产尚未形成旅游线路和文化品牌,知名度不高,影响力不足。大部分非重点文化遗产更因未加以利用而鲜为人知。此外,部分遗产因产权、可达性、可观性等问题,也限制了其多元价值的发挥。

2023年,是"一带一路"倡议提出10周年,是全面贯彻落实党的二十大精神的开局之年,也是实施"十四五"规划承上启下的关键之年。大力弘扬海上丝绸之路文化,无疑成为宁波"东方文明之都"建设的历史机遇和时代

---

① 《习近平在"一带一路"国际合作高峰论坛圆桌峰会上的开幕辞》,《人民日报》2017年5月16日。

选择。作为海上丝绸之路主要港口之一,宁波应当以海上丝绸之路申遗为平台,深入挖掘海上丝绸之路精神内涵,推动海上丝绸之路创新性发展,树立海上丝绸之路的国际形象,建立"一带一路"框架内的交流合作机制,从而在"一带一路"建设中发挥独特的作用。为此,宁波应该继续加强政策支持,提升海上丝绸之路文化保障力;重视服务基层,提升海上丝绸之路文化惠民力;凝聚各方资源,提升海上丝绸之路文化影响力。本书期望系统地梳理宁波海上丝绸之路文化遗产发展所取得的成绩,客观地思考面临的诸多问题,提出新时期文化遗产创新性发展基本框架和运行机制,但由于海上丝绸之路文化遗产创新性发展涉及面广,书稿中难免有挂一漏万之失,加之撰写时间仓促,学力有限,书稿中难免有不当或错讹之处,敬请广大读者批评指正。

本书为宁波文化研究工程项目"宁波海上丝绸之路文化遗产研究"(WH21-3)的最终研究成果。本书得以顺利付梓,要感谢宁波市哲学社会科学发展规划领导小组办公室、宁波大学中法联合学院等单位给予的多方支持,也要感谢镇海口海防历史纪念馆徐春伟先生对本书撰写工作提出的宝贵意见与建议,以及浙江大学出版社吴伟伟老师、陈翮老师的辛苦付出。本书在撰写中参阅并引用了林士民、王瑞成、龚缨晏、刘恒武、乐承耀、孙善根、戴光中、戴松岳等一批专家学者的研究成果,虽尽可能在书中注明,但仍有未尽之处,深以为歉,并深表感谢。

宁波大学　苏勇军

2023 年 7 月